遠洋外貿瓷

張 錯◎著

藝術家

目 次
contents

鯨波萬里外貿瓷

〔1〕

藝術家出版社王庭玫知我研究及收藏外貿瓷多年,曾送我一本史博館展出的大英博物館中國古代貿易瓷目錄及一疊國立歷史博物館1994年召開「中國古代貿易瓷國際學術研討會」抽印本,頗有鼓勵之意。當時寫完《中國風》(Chinoiserie)又接著寫蔓草畫,許多資料反覆重疊,包括海上絲路、中西交通史、貿易史(明清史)、19世紀東南亞及東亞殖民研究(葡萄牙、西班牙、荷蘭和英國屬地),以及外貿瓷類屬性問題。撰寫一本外貿瓷研究的書,以時機(timing)來言,正應合我在物質文化與視覺藝術研究的進度計畫。

從事外貿瓷資料的搜集起碼超過二十年,收藏亦是。起因是魚目混珠官窯充斥市場,像青銅器一樣,「比真的還真」。如果沒有管道追溯器物「出處」(provenance),或貪小便宜,那就真的是買櫝還珠,買了等於沒買。如此世道人心,那就轉入民窯吧,市場數量應比官窯多吧?價格也比官窯便宜多吧?也不見得,有時連拍賣行釋出的民窯,不指名道姓出處,僅謂此器來自某某紳士、女士或家族收藏,某某博物館或基金會亦收藏有同樣窯器,可見圖於某某目錄圖冊之某某頁可作參考,更臻達香港中文大學或牛津實驗室熱螢光(thermoluminescence)年分測試標準。然後,起標一點也不手軟,高價之餘,高攀之後,讓人心安理得,以為貴的就是對的,事實上「貴的也不等於對的」。

七年前去景德鎮取經,學看青花,訪劉新園先生,到瓷廠學習,聽到近年景德鎮仿古已開始「仿近」了,從外貿瓷開始仿,因為需求大,價格好,不用去樊家井,也可以仿到「比真的還真」。如此一來,如假包換就剩下沉船外貿瓷了,但沉船瓷也有風險,因為沉船不多,從20世紀80年代開始拍賣已殆盡,

只有一些如在電子灣（e-bay）零星散賣，或者就靠認識的仲介管道，但這種未經合法打撈或拍賣的商業行為常被視為賊贓，不為藝術界所喜。新加坡亞洲文明博物館收藏的唐代「黑石號」沉船長沙窯器，印尼打撈後未經公開拍賣，即流入新加坡私人收藏轉成國家收藏，便引起不少爭議。資料顯示，史密森尼學會（Smithsonian Institution）下屬的賽克勒美術館（Arthur Sackler Gallery of Arts），原計畫在2012年初舉辦黑石號文物在美國的首展，但在2011年，一批來自美國國家科學院的考古學家和人類學家向史密森尼學會寫信，對這項展覽計畫提出批評，隨後美術館拖延了這項展覽。來自美國考古學會、美國海事博物館協會和國際水下文化遺產委員會，以及史密森尼學會內部的批評者認為，黑石號的發掘是為了商業利益而進行。發掘進行得過於迅速，以至於損失了附著於船隻和貨物上的歷史信息，他們要求重新考慮這次展覽是否應該進行。其他學者則質疑黑石號的發掘不符合水下考古相關的國際公約，史密森尼學會對黑石號文物的展覽，是對盜寶行為的鼓勵。2011年6月28日，賽克勒美術館延後了原定的展覽計畫，而此項展覽直至2017年4月方才在紐約亞洲學會博物館進行。

〔2〕

外貿瓷研究出版可分兩大類，第一類現今最流行，我呼之為「目錄研究」（catalog studies），主要以圖取勝，書前有導言，安放編者或學者們的專業文章，其他全部是器物圖片，再加簡潔文字說明，有時碰到專業作者，更會從歷

史背景著墨，以藝術呈現史實片段，畫龍點睛，讓讀者一邊瀏覽一邊領會，21世紀彩圖電子印刷技術突飛猛進，圖文並茂，賞心悅目。目錄研究在1980年代的東南亞外貿瓷展覽又有另一轉機，那是學者利用展覽目錄從事專業的整合研究，譬如蓋約翰（John S. Guy）的先驅著作《9到16世紀東南亞東方外銷陶瓷》（*Oriental Trade Ceramics in South-East Asia, Ninth to Sixteenth Centuries,* 1986, 1990 增訂版）。

另一類是霍浦遜（R. L. Hobson）等老派學者的專著，就算配圖，也是以圖助文說明。荷蘭學者沃爾卡（T. Volker）出版於1954年的荷蘭東印度公司記錄搜沉，或佐（C. J. A. Jorg）所著的荷蘭外貿瓷與東印度公司的專著——《瓷器與荷中貿易》（*Porcelain and Dutch China Trade,* 1982），都是文字為主，佐這本書的藍本更是他在萊頓大學的博士論文。

沃爾卡與佐兩人是代表荷蘭外貿瓷研究的權威學者，當年沃爾卡寫完紀錄搜沉，他的英國老友，也是長居香港的中國藝術史學者珍尼斯（Soame Jenyns, 1904-1976）曾力勸他，趕快寫一本1683年後荷蘭與中國瓷器貿易著作，但沃爾卡自稱已高齡六十五，拿了退休俸，雖然興緻盎然但已力不從心，結果只好讓佐完成這項工作。

我不自量力，寫完這本《遠洋外貿瓷》，已遠超過沃爾卡的高齡，還想繼續寫下一本《沉船外貿瓷》，本來這兩書就是寫貿易瓷的全部原始計畫。《遠洋外貿瓷》共分十二章，先從第一章為外貿瓷類型定位，把中國海貿背景鋪陳出來，從唐宋到明清，尤其是鄭和的大航海時代。第二章繼寫西方海上霸權興起與殖民主義的囂張，一艘艘開來東南亞的炮艦，有如水銀瀉地，漫淹整個亞洲海岸線。第三、四章集中寫16至19世紀明末、清初三百年中、西貿易的高峰期，及有關外貿瓷的典故與故事。第五、六章專論外貿瓷的代表器物——克拉克與軍持。第七章談外貿瓷的兩大項目：粉彩與素三彩，尤其是康熙盛世的素三彩，影響到後來的廣彩，都是外貿瓷的大宗買賣。第八章談外貿瓷中為人忽視的青白及為人重視的青花。第九章談外貿瓷器的瓷偶及特製用品。第十至

十二章特別強調東南亞外貿瓷的互動研究，因為學術與收藏的共同興趣，一直要到1980年代，收藏家和學者才在展覽中展示這一地域外貿瓷的特色與文化歷史，尤其是馬來西亞的娘惹瓷、越南的青花瓷、泰國的青瓷。

籌備工作比撰寫還要漫長，至少長達半年後才於2018年1月1日開筆撰寫，摒除外務，廢寢忘食，不近人情，雖未做到六親不認，也開罪了不少友人。每日按部就班書寫，找書、讀書、買書、再讀書，再思考、再書寫、寫完又改，改完又寫，書籍堆如山積，稿未成又不幸淪為流感受害者，有心無力，擲筆而嘆，心情極壞，精神好一點，拾筆重寫，精神差一點，放置一旁。人隨命，命由天，天命氣數，隨遇而安，一直到了全書文字稿完成，已經是2019年初，孤燈夜坐，似釋然，又似執著，然後開始後續配圖工作，從書寫文字去追蹤圖片說明配合，天馬行空，漫無邊際，幸好多年不吝購置的書籍、圖檔及拍賣行目錄，全在身邊，都派上用場。

後記心情，有似沃爾卡替他晚輩佐那本《瓷器與中荷貿易》寫的「前言」內説：

From experience I know the ups and downs of the preceding the making of the book like this, the disappointments one has when not finding a thing one had expected to find, the greater satisfaction when one comes across an unexpected interesting thing......, and the book is ready for publication, then one sits back and hopes that the book will be well received.

自經驗裡我知道去寫這樣一本書前的種種起伏，明知可找到的資料卻找不到時那種失落，無意碰到出乎意料的有趣事物那種巨大滿足……但當書完成準備出版，便會安心坐下來，希望此書廣受好評。

上面這段話感同身受，正是我想説的。

寫於2019年2月
洛杉磯今昔山居

貿易瓷可分為兩種，一種是中國製成以貿易方式大批賣給西方的瓷器，我們稱之為貿易瓷（export porcelain），這種瓷器形狀紋飾沒有太多西方影響，就是依照中國傳統設計燒製，向外貿易輸出。另一種是西方用特殊訂單方式，指定數量及提供圖案藍圖，直接向景德鎮訂製，法語呼之為「中國訂單」（*Chine de Commande*）。

第
①
章

崛起的瓷類
——外貿瓷

第
1
章 崛起的瓷類——外貿瓷

文學史的文學類型（literary genre），詩類有詩經、楚辭、樂府、五言古詩、五、七言律絕、詞曲；小說有長、中、短篇、誌怪、傳奇、話本、筆記小說等等。陶瓷種類研究頗像文學類型，從不同類別，發展入不同形態表現，分門別類，各擅勝場。有自新石器時代古彩陶，有自單色釉分類如青瓷、龍泉，有自地方窯場特色如建窯、耀州、吉州、德化（德化白瓷更被西方特別冠以「中國白瓷」blanc de Chine識別）、長沙窯，有自宋官窯系統如汝、官、鈞、哥、定五大名窯，有彩色釉瓷獨具一格，尊稱唐三彩、鬥彩、五彩、粉彩、琺瑯彩、廣彩、墨彩、淺絳，在東西方瓷藝大放異彩，此外，還有西方呼為「藍白」（blue and white）的青花瓷。

以上瓷類均具有漫長的文化歷史背景，漢代除絲綢之路，海路銷往中東及東南亞國家大都以絲綢為主，瓷器為副。所謂瓷器，漢魏雖已有原始瓷，尚在陶器（earthenware）與炻器（stoneware）階段，雖加釉燒免於洞穿漏水，稍嫌粗厚，未得外商青睞，出口數量不多，雖有通商之實，不算大批出口外貿瓷。唐代中期安史之亂，國勢大減，西域一帶控制權轉讓給大食（阿拉伯帝國）的阿巴斯大帝（Shah Abbas the Great）皇朝及西北部的吐蕃、回鶻等部族，絲綢之路貿易遂減。

上圖
德化羅漢白瓷更被西方特別冠以「中國白瓷」。
右頁左上圖
西方呼為「藍白」的青花瓷。
右頁右上、下圖
唐代瓷器，南青北白，工藝精巧，耀州青瓷盒。
右頁左下圖
北白邢窯，獅子香爐蓋。
第9頁圖 五大名窯的官窯系統——鈞窯渣斗。

海上瓷路遂中興，到了8世紀，大食定都巴格達（今伊拉克）取代波斯皇朝，與中國互貿發達，商船自廣州起航，經南中國海，繞過麻六甲海峽，在印度西海岸補給，沿海岸線至波斯灣抵達巴格達，甚至橫渡印度洋，直抵東非。

海上瓷路興起於唐宋殆無疑問，唐代瓷器，南青北白，工藝精巧，建窯與吉州窯的黑釉瓷器與茶藝飲用密切結合，外銷瓷器已不只是生活商品（commodity），更是文化藝術良品（cultural artifacts）了。

為了推動外貿，唐代首設市舶司（即海關），提升航海技術，造船業相當發達，江蘇揚子（今日儀徵縣）作為運河入江主要門戶之一，就有造船廠十所。海舶長達20丈，用木樺鐵鈎構件，可達五

層，能容六、七百人，載重量逾一萬石（石為古代容量單位，一石為十斗，是以一石等於120斤），可見當時海洋運輸力之強大。

　　宋朝推動海貿不遺餘力，繼設市舶司於各地，朝廷分遣內侍攜帶黃金絲綢，前往南海諸蕃國招商，向蕃邦「勾招進奉」，務使眾蕃國商人前來廣州沿海商埠市舶。國內造船業比唐朝更勝一籌，出洋海舶載重數萬斛（宋代一斛為五斗），船上可養豬釀酒，廣用大檣風帆，掌握季候風向，使用指南浮針導航，北宋朱彧指出，那時的「舟師識地理，夜則觀星，晝則觀日，陰晦觀指南針」（《萍洲可談》第二卷，著於1119年），定向航往遠洋。阿拉伯及東南亞國家風帆貨船亦相繼來華，可説得是眾國來貿，海市熱鬧，桅檣毗連。

　　但是遠洋貿易最大成就，還要數明成祖永樂帝派遣鄭和七下西洋的寶船，開拓南洋一帶貿易。西洋，就是西邊大洋印度洋，資料顯示，寶船供船隊指揮人員、使團人員及外國使節乘坐，同時用來裝運寶物，有明朝皇帝賞賜給西洋各國禮物，也有各國進貢明朝皇帝的貢品珍品，還有船隊在海外通過貿易交換得來的物品。稱為寶船，意思就是運寶之船。寶船共六十二艘，每船可容四、五百人，最大更可容上千人，載重千噸，名為「清和」、「惠康」、「安濟」、「靖遠」等，還有編號，每「號」母船有船十艘，編十號。船有四層，船上九桅可掛十二張帆，錨重幾千斤，要動用二、三百人才能啟航，是大型海船。

　　鄭和於1405（明永樂三年）至1433年間，七次遠洋航海，跨越東亞地區、印度次大陸、阿拉伯半島，以及東非各地。這廿八年間，他率領

二百四十多艘海船、二萬七千四百名船員的船隊遠航,進行貿易,造訪三十餘個西太平洋和印度洋國家地區,七次下西洋的總航程達七萬多海哩。

　　船隊在印度洋航行以「星斗高低,度量遠近」,或「牽星為準」(《鄭和航海圖》),使用15世紀初先進的天文定位導航(也就是牽

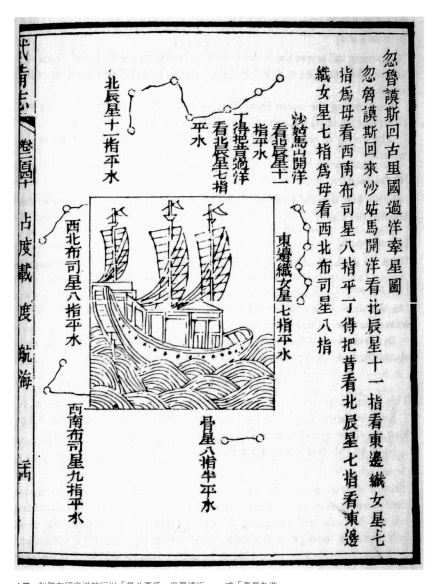

上圖　船隊在印度洋航行以「星斗高低,度量遠近」,或「牽星為準」。
左頁左圖　宋代造船業比唐朝更勝一籌,出洋海船載重數萬斛(宋代一斛為五斗),船上可養豬釀酒,廣用大檣風帆,掌握季候風向,使用指南浮針導航。
左頁右圖　鄭和寶船共六十二艘,每船可容四、五百人,最大更可容上千人。

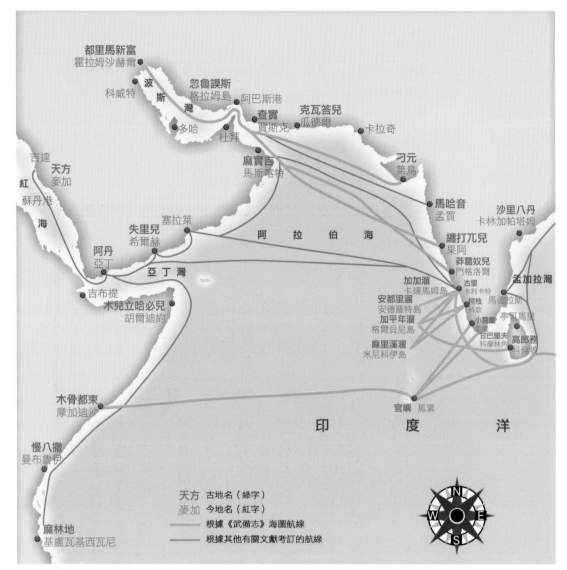

鄭和航線圖 l

星術），航行至東海、南海、泰國灣，繞過麻六甲海峽進入安達曼海
（Andaman Sea）及孟加拉灣（Bay of Bengal），再繞過整個南印度至
阿拉伯海（Arabian Sea）、波斯灣（Persian Gulf），從亞丁灣（Gulf of
Aden）進入紅海，航行至東非馬達加斯加（Madagascar）北部更遠的海
域。這些航程包括東南亞的印尼群島、泰國、緬甸、越南、馬來西亞、
印度、阿拉伯半島等地，到達沿海三十多個國家及島嶼。艦隊七次遠洋
有六次在明成祖永樂年間（1402-1424年），最後第七次航行在明宣宗

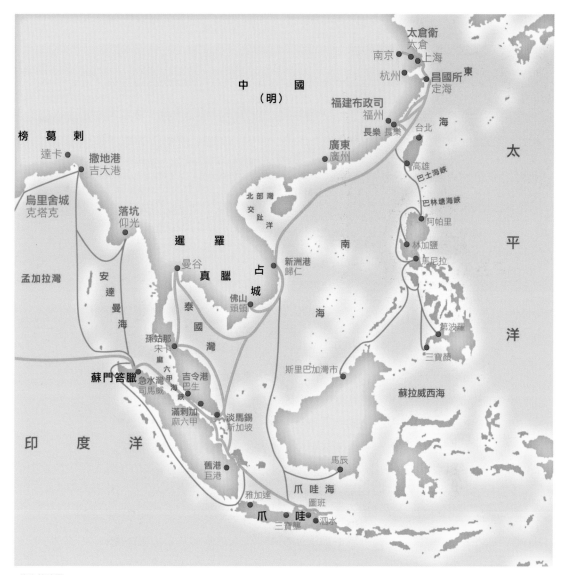

鄭和航線圖 2

宣德元年間（1425-1435年）。前三次遠航到達印度西南海岸有「香料之城」之稱的古里（Calicut，銷往英國的印花布因此就叫calico），後來鄭和與達伽馬（Vasco da Gama）均歿於此，第四次航至波斯灣的霍爾木茲海峽（Strait of Hormuz），最後船隊遠航至阿拉伯半島和東非的肯亞（Kenya）。鄭和的航海地圖其實就是15世紀中國自海路往外推展的貿易路線，那才是真正的海上瓷路！（可惜尚未繞過非洲前往南北美洲）。

　　南宋開始，北方土地大部分為遼金所占，塞居臨安，僅靠江浙一帶出海貿易為經濟命脈，無論在造船、貨物、航海技術、航線，間接替明代打下最扎實的海貿基礎。明清兩代輸出外貿項目最具代表性就是茶葉和瓷器，明朝開國後，東邊尚有夷狄殘餘，西邊又有反賊、海盜、倭寇猖獗，強敵一時難以兼顧，國力又未及江浙一帶，遂而海禁不絕，時緊時弛，瓷器生產力不穩定，青黃不接，對海貿供應影響頗大，也帶動了日本有田（arita），泰國青瓷、越南青花乘機茁起，大量生產輸出，形成另一種外貿瓷類，甚至產生所謂「過渡期瓷器」（transitional wares）的類別。

　　鄭和七度出洋，瓷器當是主要貨品之一，不在少數，但出洋更重要的意義，卻是落實瓷路路線與眾國的商業互動關係，第三次返航時，隨他一同來華有印度古里國等高達十九個國家來朝。第五次出航回國，也包括有非洲索馬利亞（Somalia）等十五國貢使返國。永樂年間，來華使團規模龐大，馬來半島滿剌加國（今麻六甲）使團曾達五百四十人，印度古里使團竟達一千一百人。

　　入清後，停泊廣州黃埔港的外國商船很多，計有葡萄牙、西班牙、荷蘭、英國、德國、丹麥、普魯士、瑞典、義大利、奧地利、秘魯、智利、墨西哥、美國和東南亞一些國家，其中以英、美兩國最多。據統計，乾隆五十四年（1789年），來黃埔港停泊的外國商船共八十六艘，

上圖　17世紀末，輸入歐洲及北美大陸的外貿瓷很多都是按單訂製，各式各樣，族徽全套餐具最多。

左頁左圖　明朝開國後，海盜、倭寇猖獗，遂而海禁不絕，瓷器生產力不穩定，也帶動了日本有田（arita），乘機茁起。柿右衛門瓷枕。

左頁右圖　清代乾隆年間一口通商，在廣州設立中間經手人的十三行。墨彩大碗。

其中英國六十一艘，美國十五艘，荷蘭五艘，葡萄牙三艘，法國、丹麥各一艘。也就是説，海上瓷路已發展入歐洲、南北美洲及東南亞各地。

清代乾隆年間一口通商，在廣州設立中間經手人的十三行，出海貿易商船多從黃埔港出海，乾隆二十二年至道光十八年（1757-1838年）的八十二年間，開往日本商船共八百艘，道光九年（1829年）開往新加坡貿易的商船五艘；嘉慶二十五年（1820年），往暹羅的商船有八十二艘，越南西貢港口三十艘，順化十二艘，去其他港口一百一十六艘，去南婆羅洲的加里曼丹（Kalimantan）十艘，去爪哇七艘，去印尼的望加錫（Makassar）兩艘，去印尼安汶島（Ambon）一艘，去麻六甲一艘，去馬來西亞半島東岸的吉蘭丹（Kelantan）一艘。主要貨物自是絲綢、瓷器和茶葉。

上面資料顯示海上瓷路的交通，一來一往，商船利用季候風，一年兩次，一來買，一往賣於歐美與中國。中國商船集中在東亞、東南亞、南亞及阿拉伯中東地區買賣居多，至今在東南亞打撈出來的沉船貿易瓷，船隻多為中國或南亞海船，或遇風暴、或觸礁、或失火、或航駛技術意外。當然西方海域亦有載瓷沉船，不多。

所謂外貿瓷（export porcelain），顧名思義，指對外輸出的貿易瓷器，視乎中西瓷器貿易，卻是一面倒地從中國輸出，西方輸入瓷器絕無僅有。一直要到乾隆五十八年（1793）9月，英國大使馬戛爾尼（George Macartney, 1737-1806）來華發生不肯跪叩的禮儀之爭，但他獻給乾隆皇帝禮品，竟有英國瑋緻活（Wedgwood）瓷廠青瓷，可謂太歲頭上動土，也算得不是猛龍不過江，表示英國人對自己瓷器有極大信心，可惜乾隆了無興趣，僅對一只鳥鳴小音樂盒頗為動心。

早年外貿輸入中國貨物則有象牙、珍珠、犀角、樟科植物提煉出來的龍腦（又名冰片，可入藥，氧化後即成樟腦），還有乳香^{（註）}、沉香、珊瑚、琉璃、瑪瑙、玳瑁，以及自印尼三佛齊（Samboja）進口的古代香水／香薔薇水。此外，專家也有稱外貿瓷為貿易瓷（trade porcelain），亦恰當。貿易者，從原始形式以物易物，到後來金錢易物，就是買賣交易（trade）。

貿易瓷可分為兩種，一種是中國製成以貿易方式大批賣給西方的瓷

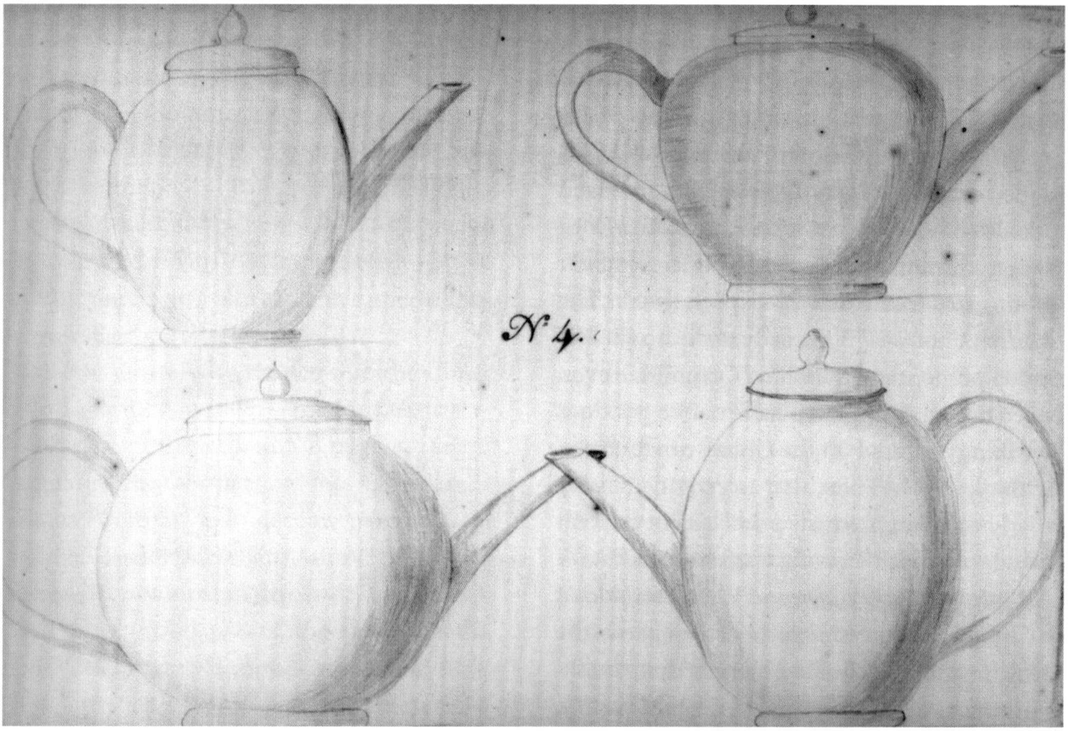

現存海牙的荷蘭東印度公司檔案訂單，依然可以看到指定訂購各種款式如長形子彈流管（bullet spout）茶壺。

器，我們稱之為貿易瓷（export porcelain），這種瓷器形狀紋飾沒有太多西方影響，就是依照中國傳統設計燒製，向外貿易輸出。另一種是西方用特殊訂單方式，指定數量及提供圖案藍圖，直接向景德鎮訂製，法語呼之為「中國訂單」（*Chine de Commande*）。17世紀末，輸入歐洲及北美大陸的外貿瓷很多都是按單訂製，各式各樣，族徽全套餐具最多，但有時也有為一人而訂製，譬如某船長或押運長（supercargo）結婚大喜之類，也有中國風作品，荷蘭的普龍克瓷（Pronk porcelain）就是一個好例子。現存海牙的荷蘭東印度公司檔案訂單，依然可以看到指定訂購各種款式如長形子彈流管（bullet spout）茶壺，以及各式茶杯、咖啡杯的素描藍圖。

〔註〕　乳香（frankincense）是一種樹脂香料。西元11世紀，阿拉伯的阿曼開闢了至廣州、泉州的「海上絲綢之路」，又稱之為「海上乳香之路」，每年向中國出口數十噸以至上百噸乳香。北宋初年，泉州陳洪進遣使於乾德元年（963年）12月，「貢白金千兩，乳香、茶藥皆萬計。」真宗朝，皇帝尊崇道教，對乳香的消費大增，「道場科醮無虛日，永晝達夕，寶香不絕……襲慶奉祀，日賜供乳香一百二十斤」。宋徽宗崇寧年間，「神霄宮事起，土木之工尤盛。群道士無賴，官吏無敢少忤其意，月須幣帛、珠砂、紙筆、沉香、乳香之類，不可數計，隨欲隨給。」

為何麥克尼爾能夠大言不慚，稱謂葡萄牙人開始遠航的兩百年後，西方崛起，成為稱霸全球（global dominance）的主人？

答案就是，除了海上武力的船堅炮利，宗教上基督文明附會科學真理四方傳教，還有西方人文意識形態與文化價值觀隨著外貿航線不斷向全世界海岸線輸入，更挾仗殖民國家主動優勢加諸於被動殖民國家。

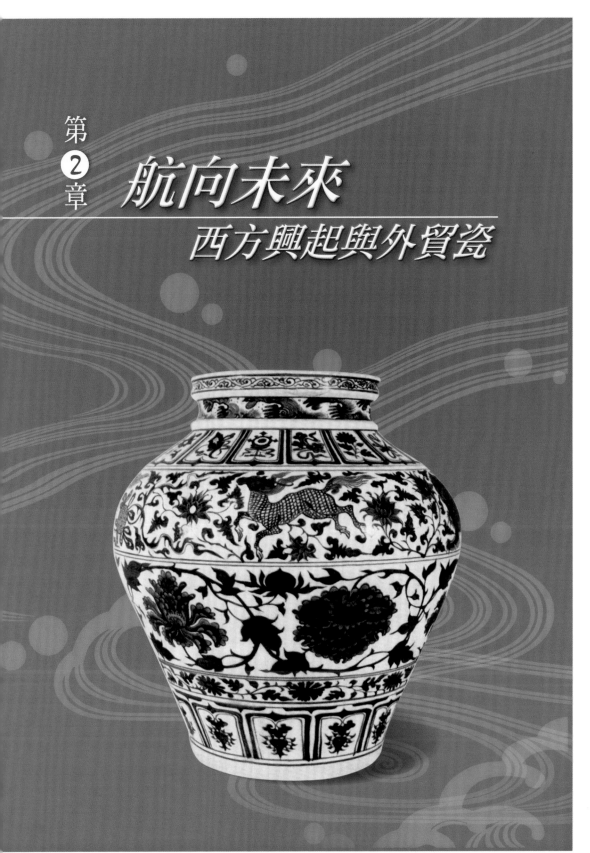

航向未來

西方興起與外貿瓷

第 ② 章 航向未來——西方興起與外貿瓷

美國世界史學家麥克尼爾（William H. McNeill, 1917-2016）在其名著《西方的興起》（*The Rise of the West*, 1963）中主張，現代西方興起於西元1500年，葡萄牙航海技術突飛猛進，亨利航海者（Prince Henry the Navigator, 1394-1460）是葡萄牙國王若昂一世的第三子，他雖非王儲，卻雄才大略，建立全世界首座航海學校、港口及船廠，有系統地研究航海科技，奠下葡萄牙成為歐洲首位海上霸主的基石。藉著先進的航海設備及技術，克服大西洋的驚濤駭浪，歐洲水手們乘風破浪，無遠弗屆。許多勇敢駛向海洋未知處的航海家，哥倫布（1492）、達伽馬（1498）、麥哲倫（1519-22），還有比達伽馬更早繞過好望角（1488，那時叫驚濤角 Cape of Storms）直抵印度的葡萄牙船長狄亞士（Bartolomeu Dias），他們僅是幾個為人所熟知的名字而已。

大航海時代帷幔緩緩拉開，展現人類對未來世界憧憬追尋的舞台，不再是望洋興歎的太平洋、印度洋、大西洋，船舶駛出一道道海上橋樑，搭向美洲大陸、南亞、東南亞。在另一部《世界史》（*A World History,* 1967）裡，麥克尼爾繼續指出，「*1500年也是世界史標誌著*

上圖　歐洲人各種發現使地球上的海洋成為通往商業與征服的公路，葡萄牙風帆船，巴黎國家圖書館版畫。
左頁2圖　亨利航海者。
第21頁圖　前在伊朗阿狄比爾神廟，現存伊朗巴斯坦博物館（Bastan National Museum），元青花瑞獸牡丹大罐。

重要的轉捩點，歐洲人各種發現使地球上的海洋成為通往商業與征服的公路。他們創造出一種嶄新的文化邊疆，沿著每個有人煙的海岸對手（along every habitable coast that rivaled），最後超越他們……。」

　　如把上面這段話比較本書前一章唐宋陸上絲綢之路興衰，海上貿易如何開發，便發覺東、西方頗有相同之處。西方人知道美洲大陸後，14-15世紀歐洲資本主義開始快速發展，人口膨脹，資本家對原料（material goods）、土地空間及財富需求，促使新航路開闢，哥倫布發現新大陸，歐洲人開始對美洲進行政治控制、經濟剝削掠奪、宗教文化滲透、大量殖民。同樣，達伽馬奇兵突出繞過非洲好望角，不用借道中亞伊斯蘭國家來到印度及東南亞，開創在臥亞（Goa）、麻六甲、澳門等地殖民的契機。

　　明代海上瓷路及鄭和遠洋時間大約是在探險家哥倫布、達伽馬等人遠航的七十多年前，當時明朝在航海技術、船隊規模、航程之遠、持續時間、涉及領域等項的規模及高度，在當時的世界均是前所未見。

　　但是為何麥克尼爾能夠大言不慚，稱謂葡萄牙人開始遠航的兩百年後，西方崛起，成為稱霸全球（global dominance）的主人？

答案就是，除了海上武力的船堅炮利，宗教上基督文明附會科學真理四方傳教，還有西方人文意識形態與文化價值觀隨著外貿航線不斷向全世界海岸線輸入，更挾仗殖民國家主動優勢加諸於被動殖民國家。葡萄牙之後有西班牙，西班牙之後有英、法，英、法之後有荷蘭，海上霸權不斷擴大，臣服國家不斷受其影響，開始在非洲、繼而印度、繼而東南亞國家如印尼、馬來半島、菲律賓、甚至遠至澳門、香港等地。

相反，鄭和下西洋，敦親睦鄰，除稍有牽入麻六甲一次政治鬥爭，其他國家地域除了貿易外交活動外，並無一絲一毫帝國主義的軍事侵略或殖民野心。只可惜明朝大航海家只出了一個鄭和，鄭和之後便後繼無人，像梁啟超在《新民叢報》內說的：

「西紀1500、1600年之交，全歐沿岸諸民族，各以航海業相競。……自是新舊兩陸、東西洋，交通大開，全球比鄰，備哉燦爛。……而我泰東大帝國，與彼並時而興者，有一海上之巨人鄭和在。……及觀鄭君，則全世界歷史上所號稱「航海偉人」能與並肩者，何其寡也。鄭君之初航海，當

哥倫布發現亞美利加以前六十餘年，當維哥達嘉馬（瓦斯科‧達‧伽馬）發現印度新航路以前七十餘年。顧何以哥氏、維氏之績，能使全世界劃然開一新紀元；而鄭君之烈，隨鄭君之沒以俱逝？我國民雖稍食其賜，亦幾希焉。則哥倫布以後，有無量數之哥倫布；維哥達嘉馬以後，有無量數維哥達嘉馬；而我則鄭和以後，竟無第二之鄭和。噫嘻，是豈鄭君之罪也！」「鄭和之後，再無鄭和。」「鄭和之業，其主動者，實絕世英主明成祖其人也」。（《祖國大航海家鄭和傳》，光緒三十一年，1905）

　　鄭和下西洋亦有另一類殖民，梁啟超提到，「鄭和下西洋後而移居南洋諸島，當不下五百四、五十萬人，加上與土著人雜婚者，當及七百萬人。」但此殖民不同彼殖民，西方殖民，以統治者姿態由少數侵略者去統治大多數本地人。中國殖民是移民遷入宗主國歸化，雖然在某種程度保留原鄉風俗，但無疑在歸化過程中，已轉化成宗主國國民，「加上與土著人雜婚者」，娶妻生子，成為第一代的海外華僑。

　　在海外貿易方面，英國與荷蘭於1600年，1601年分別設立東印度公司（East India Company, VOC），主宰東方貿易，1664年法國亦不耐久向葡萄牙及荷蘭購買瓷器，另設東印度公司（*Compagnie des Indes*）。西方國家借貿易與傳教為名，朝東而來的大航海、大地理時代伸展入阿拉伯半島伊斯蘭國家、印度及北方的蒙兀兒帝國（Mughal empire）。中國滿

左頁上圖
葡萄牙炮艦galleons
船堅炮利，巴黎國家
圖書館版畫。
左頁下圖
East Indiaman商船在廣
州黃埔。

右圖
英國東印度公司主
宰東方貿易，油畫
〈East Indiaman商船
炮艦駛離檳榔嶼〉，
William John Higgins
（1781-1845）

前在伊朗阿狄比爾神廟，現存伊朗巴斯坦國家博物館（Bastan National Museum）元青花鳳鳥扁壺。

清、日本長崎已無法抵擋西潮洶湧而入，束手無策之際，中國明末的西學東傳，到清代洋務運動，均可視為知己知彼，急起直追的努力。

惟一能讓西方國家心悅誠服、卑禮厚幣以求的中國產品，除了茶葉，就是瓷器。外貿瓷借助西方霸權海貿利便，以奢華高貴藝術品（luxury goods）進入西方皇宮殿堂，同時亦以民生用品，服務一般平民百姓，可謂兼容並包，貴賤不分。

現今能追溯歐洲最早原批（*in situ*）系統收藏的外貿瓷器，應是16世紀在布拉格（Prague）身為攝政王的大伯爵費德南二世（Archduke

土耳其托卡皮皇宮元浮雕雲龍龍泉大盤

Ferdinand II of Tyrol, 1520-95），後來再把瓷玩搬回奧地利維也納，但可惜此公不懂瓷器，亦無興趣，只當作是古玩新奇（curiosities）。此外，現存最大批元朝青花瓷、青瓷、青白瓷、白瓷，就要數到當年波斯王阿巴斯（Abbas）在伊朗阿狄比爾神廟（Ardebil Shrine）近一千兩百件的元、明青花瓷器，以及今日土耳其伊斯坦堡的托卡皮皇宮博物館（Tokapi Saray Museum）大型青花瓷。當年鄂圖曼帝國（Ottoman Empire）滅了東羅馬帝國，威震四方，各地蘇丹（sultans）進貢入宮的中國瓷器，數以萬計。英國戴維德爵士基金會（Sir Percival David

Foundation）收藏兩個上有題記「至正年十一年」（1351）青花龍紋大花瓶，經英、美陶瓷學者前往土耳其及伊朗考證比較，發覺青花瓷最早出現應於元朝至正年，亦即西元1351年便大批出口到中東伊斯蘭國家。

　　大批出口，不止是伊斯蘭國家，到了18世紀1730年，英國東印度公司檔案資料顯示，每年自中國輸入英國的外貿瓷，高達五十一萬七千多件，可見其營業額之龐大。13世紀的蒙古人橫掃歐亞，攻占匈牙利的布達佩斯，前鋒攻至奧國維也納附近，主力渡過多瑙河，攻陷格蘭城，使歐洲人陷於極大恐慌，稱之為「黃禍」（Yellow peril）。如今近五十二萬瓷器每年入侵（只是英國一地），引發本地陶瓷業的全面崩潰，更可稱之為「瓷禍」（Porcelain peril）。猶記得16世紀中期，瓷器剛入義大利，教廷一個葡萄牙神父於宴席上向教宗庇護四世（Pope Pius IV）介紹中國瓷器，稱讚比銀器更美麗潔淨，雖然容易打破損失，卻在價錢方面

上圖　土耳其托卡皮皇宮元青花大盤
左頁左圖　英國戴維德爵士基金會收藏兩個上有題記「至正年十一年」（1351）青花龍紋大花瓶。
左頁右圖　青花龍紋大花瓶　局部

占了便宜（What it loses in breaking easily, it gains in cheapness）。的確，
到了18世紀銷往倫敦的茶葉，比瓷器還貴，但他不知道，三百年後，
茶葉、絲綢、香料，甚至某些漆器，皆是「不宜久存物品」（perishable
goods），但當日用作宮廷的瓷器，如今比金子白銀還昂貴。

不要小覷這些茶杯碟（cups and saucers），尤其在英國，茶葉價格昂貴，視如珍品，因此配茶的整套器皿，除了茶杯碟，還包括有茶壺、奶壺、砂糖壺（砂糖自中國發明後，引起英國人喝紅茶加糖或奶的興趣），非常講究喝茶配件。

第
3
章

瓷心陶醉
三百年來外貿瓷

瓷心陶醉──三百年來外貿瓷

　　外貿瓷三百年概括從西元16世紀到19世紀，也就在中國由明到清這三百年，瓷貿如火如荼，其中兩大關鍵就是葡萄牙海上稱霸，以及東印度公司據點先後成立。葡國由於亨利航海者興建船廠，造出能趁風力遠航的大帆船──克拉克（carrack），這些船舶均裝有數十門火砲，船高七層，除載貨外尚能載八百人員，西班牙亦稱之為炮船（galleon）。1509年葡萄牙在西印度洋以十五艘克拉克，迎戰回教國家與埃及組成的聯合艦隊共一百多艘僅用弓箭的單桅帆船（dhows），葡艦隊炮火猛烈，近一百碼便轟射敵船，打得對手落花流水，潰不成軍。自經此著名的「第烏海戰」（Battle of Diu）一役，葡萄牙便掌握印度洋的制海權，控制印度沿海補給及貿易地區如印度的臥亞（Goa），錫蘭（Ceylon），馬來半島的麻六甲，不久便航向中國的澳門。

　　明武宗正德九年（1514），葡萄牙使者浩海・阿華列士（Jorge Avarez）乘船抵達屯門（屬廣州外海，現屬香港，三面環山，為一天然避風港），豎立石柱，上刻葡國國徽，以示占領，繼而設營寨，造

火銃（「設棚自固，火銃橫行」），並置攻防器具，常以武力劫掠、販賣中國童男童女往外國，這種看似貿易又似軍事行為長達七年之久。至今研究外貿瓷史學者鮮有提及，好像與瓷無關，就無足輕重，僅有英國瓷器專家柯玫瑰（Rose Kerr）一人稍有指涉。

到了1522年，每年銷往葡國的中國瓷器已高達六萬件，在歐洲仍是供不應求，英、法各國不斷需求向葡國購買，暴利驅使設置殖民地野心暴漲，葡人覬覦澳門已久，但此地一直劃歸廣東香山縣治權，「屯門海戰」一役又敗北於明朝的廣東海軍，千方百計，終在嘉靖年間的1554年，被允許在澳門與廣東沿海進行貿易，條件是每年向明政府進貢。其實葡萄牙人早已在澳門多年進行貿易和修建洋房居住，16世紀是葡萄牙的黃金世紀，有若羅馬帝國，一切均欣欣向榮。毗鄰西班牙亦不甘後人，發展另一枝強大的海貿艦隊，不與葡萄牙爭雄於北印度洋繞好望角路，而另由其殖民地呂宋（菲律賓的馬尼拉）駛向墨西哥，再由墨西哥上岸循陸路轉往另一邊大西洋航回西班牙。

17世紀葡、西兩國國勢轉弱，瓷路讓給崛起的荷蘭，荷人於1602年成立荷蘭東印度公司（簡稱VOC），並以印尼殖民地巴達維亞（Batavia，即爪哇）為中心轉運站，直接與中國貿易，航線則取南中國海轉印度洋，入紅海，或取大西洋回歐洲。

這種澆在肉上的肉汁船（sauce boat），中國瓷器沒有，就要照版燒製。

　　英國東印度公司成立於1643年，與中國貿易集中於廈門、臺灣一帶，海上霸權後來居上，東印度公司在印度馬德拉斯（Madras）成立遠東總部，與荷蘭的巴達維亞並駕齊驅，但18世紀廣州十三行商業用語，已由葡語轉為英語，直落19世紀。

　　西方當初並沒有明確外貿瓷類型觀念，1962年日本東京Charles E. Tuttle出版了法國人Michel Beurdeley撰寫的《東印度公司瓷器》（*Porcelaine de la Compagnie des Indes*）英譯，改名《中國外銷瓷》（*Chinese Trade Porcelain*），有正名之意。作者在「導言」稱故意用法國東印度公司瓷器為書名，主要是指法國人追循其他國家，以東印度公司作商業買賣與政治活動，並風趣地指出，中國並非墨守成規的民族，它的外銷茶具可以供日本茶道需要，銷伊斯蘭國家的盤碗，會用阿拉伯文寫滿《可蘭經》經文，賣往菲律賓、印尼的淺釉大陶罐極受當地人歡迎，歐洲國家則因基督徒對蟠龍圖騰沒有多大興趣，遂改用花鳥為主紋飾推銷，或由西方人描繪圖像讓中國畫師仿繪燒製，現存巴黎吉美博物館一隻仿自法瓷利摩日（Limoges）彩繪大碗，就是一個很好例證。作者一再強調，東、西方瓷器互相影響，儘管西瓷沒有銷往東方，然因外貿關係，東印度公司可以在訂單繪下圖示，指定東方依圖燒製。

有名的「普龍克瓷」（Pronk porcelain）就是一個好例子，荷蘭東印度公司聘請畫家普龍克（Cornelis Pronk）繪製一系列瓷器圖畫，攜往中國、日本，吩咐畫工依法繪製瓷器上，日本家族經營的繪工較為昂貴，所以多在中國大量繪製，別具特色。此外，這類燒製瓷器也是豪門貴族訂購加繪族徽（coat of arms）或家族姓名的全套餐具（service），數量甚多。還有繪製瓷器形狀樣本讓景德鎮燒製，譬如澆在肉上的肉汁船（sauce boat），中國瓷器中沒有，就要照版燒製。西方有一種擺在餐桌上稱為「甜肉」（sweet meat）小盤子，上放蜜餞或開胃小食，東方雖有小拼盤，但總不似特別一個甜肉盤來得華麗大方，有時更分塑男女瓷偶各捧肉盤。

　　一些早期仿製西方模式的低溫外銷瓷，包括有蓋湯盆（tureen），花樣眾多，帶西方巴洛克、洛可可誇張風格，裝飾有花卉、動物浮雕，造型仿西洋鍍銀（silver gilt）或鍍金器皿，因是低溫彩陶（faience），體型碩大，容易上釉渲染，彩色斑斕，構圖工整，悅目怡心。西方飲宴

西方有一種擺在餐桌上稱為「甜肉」（sweet meat）小盤子，內放蜜餞或小糖果。

第一道菜多是羹湯，主人先聲奪人，客人歡喜讚歎，可知湯盆重要。
此外還有大、中、小瓷器碗碟及茶杯，不要小覷這些茶杯碟（cups and
saucers），尤其在英國，茶葉價格昂貴，視如珍品，因此配茶的整套器
皿，除了茶杯碟，還包括有茶壺、奶壺、砂糖壺（砂糖自中國發明後，
引起英國人喝紅茶加糖或奶的興趣），非常講究喝茶配件。有一種穿孔
網狀的瓷籃及大盤，放置水果、蔬菜類隔水以免潮濕，尤以清代晚期彩
瓷中的「煙草葉」（tobacco leaf）紋飾最受歡迎。一般非正式的外貿瓷
飲杯以所謂咖啡杯或啤酒杯（tankard）最多，其特徵是纏籐式杯柄，茶
壺柄亦然。

上、下圖
西方飲宴第一道菜多是羹湯，
主人先聲奪人，客人歡喜讚
歎，可知湯盆重要。

左頁圖
湯盆（tureen）造型仿西洋鍍
銀（silver gilt）或鍍金器皿。

上圖
茶壺、奶壺、砂糖壺（砂糖自中國發明後，引起英國人喝紅茶加糖或奶的興趣。）
下圖
穿孔網狀煙草葉紋飾瓷籃及大盤
右頁上圖
調味器組，高13.7公分。
右頁下圖　因為西方人愛吃沙拉蔬菜，需要調味器（cruet），尤其是二合一的青花兩頭油醋調味器，允為外貿器依訂單製造的代表作。

餐碟大、中、小也分湯碟、
主菜碟（dish）、甜點碟（dessert
plate），大碟（platter, charger）上面
也會描繪一些諷刺漫畫或政治人物肖
像，以作用餐談笑之資。此外，因
為西方愛吃沙拉蔬菜，需要調味器
（cruet），尤其是二合一的青花兩頭
油醋調味器，允為外貿器依訂單製造
的代表作。

供應皇室貴族的「族徽」餐具較
為高雅華麗，後來發展入大批生產青
花「紋章瓷」（Fitzhugh porcelain），
風格清新，對稱工整，極受西方歡
迎。另又有人物、動物瓷偶，尤其人
物瓷偶，生動有趣，多以西洋風土人
物為主，英國有一種陶偶叫「陶啤
壺」（Toby jug）形狀滑稽，戴著氈

帽，醉態可掬，體內中空可作酒壺或酒杯，酒從頭頂帽沿傾出飲用，銷往那國瓷偶，便以為該國人物及服裝作為該瓷偶特色。

　　20世紀英國出了不少中國陶瓷藝術史女性學者，牛津及大英博物館的羅森（Jessica Rawson，但她的重點研究仍是上古銅器），戴維德基金會的麥德理（Margaret Medley）和蘇玫瑰（Rosemary Scott），麥德理女士出道甚早，1976年便出版《中國陶工》（*The Chinese Potter*），可惜70年代彩印技術尚未普及，黑白圖片太多；大英博物館的康蕊君（Regina Kraul），維多利亞‧艾伯特博物館（Victoria and Albert Museum 簡稱V&A）的柯玫瑰（Rose Kerr），都能在隸屬機構發展出系統性的陶瓷研究。麥德理與蘇玫瑰前後在戴維德基金會整理出戴維德爵士收藏的宋代官窯，包括十二件汝窯（臺北故宮亦僅藏21件而已），順帶一提，戴維德本人在1920年代躬逢清宮大內官窯流出，尤多乾隆御題下款瓷器，彙集頗豐。倫敦大學亞非學院（*SOAS*）藝術史暨考古學系的畢宗陶教授（Stacey Pierson）曾整理出版一本《一個收藏家的遠見：乾隆帝御用瓷》（*A Collector's Vision: Ceramics for the Qianlong Emperor, n.d.*）。

上圖　族徽飲杯，有時呼作啤酒杯（tankard）。
右頁圖　英國有一種陶偶叫「陶啤壺」形狀滑稽，戴著氈帽，醉態可掬，有時偶內中空可作酒壺或酒杯。

康蕊君著作豐碩，除土耳其托卡皮皇宮瓷錄外，還有《玫茵堂中國陶瓷》及《中國陶瓷──大英博物館戴維德基金會藏精品》，2017年4-6月，紐約亞洲協會（Asia Society）終於成功展出新加坡亞洲文明博物館（Asian Civilisations Museum）收藏唐代沉船勿里洞的長沙窯器，康蕊君出版厚達數百頁的《沉船》（*Shipwrecked*, 2010）一書，早已洛陽紙貴，銷售一空。她和霍吉淑（Jessica Harrison–Hall）也替大英博物館編過一本館藏明清外貿瓷目錄（*Ancient Chinese Trade Ceramics from the British Museum, London*, 1994）。

柯玫瑰不同蘇玫瑰，柯是倫大亞非學院科班出身工藝技術研究碩士，師隨瓷釉專家沃特（Nigel Wood），沃特那本瓷釉分析經典《中國瓷釉》（*Chinese Glazes, 1999*），提供中國瓷器種種化學原料程式分析，有似當年德國麥森瓷器（Meissen）找到合成高嶺土的方程式。柯玫瑰對中國熟悉親切，她在1975-76大陸文革最後一年在中國居住，也許因陶瓷研究而對景德鎮產生濃厚感情（前後造訪景德鎮高達八次，是第一個被景德鎮頒獎為名譽市民的外國人）。也許這樣，美國皮博迪‧艾薩斯博物館（Peabody Essex Museum）沙展（William R. Sargent）編著厚達556頁的《中國外貿瓷寶藏》（*Treasures of Chinese Export Porcelain*, 2012）出版一書還特別邀請柯玫瑰貢獻一章〈瓷都──16至19世紀的景德鎮〉。

2011年她與孟露夏（Luisa Mengoni）整理V&A收藏的外貿瓷二百多件，出版《中國外貿瓷》（*Chinese Export Ceramics*），2014年由上海書畫出版社出版中譯本《藝術與鑒藏：中國外銷瓷》。書內〈導言〉一章頗為有趣，章內選出十三件V&A收藏外貿瓷，分屬英國及荷蘭東印度公司族徽杯盤及英國商船墨彩大碗，在解說族徽盤時，她指出，這些都是當年印度馬德拉斯東印度公司高層使用的餐具，然後筆鋒一轉，再說，英國人喜歡用前置詞稱呼這公司為「尊貴的」（Honorable）東印度公司，其實這公司行徑荒誕不經，正如當今英國遠東史專家基約翰（John Keay）1991年説的，根本是商業活動（primarily commercial），經常「蒙羞」（often inglorious），一點也不見得尊貴（almost never honorable）。

戴維德爵士收藏的宋代官窯，包括十二件汝窯。

人所共知，東印度公司把印度種植的鴉片販售到中國去，是鴉片戰爭的禍首。一個有良知的學者，引經據典批評自己國人引以為傲的公司，十分難得。柯玫瑰還替中國惋惜18、19世紀沒有西方人出來説公道話，東印度公司僱員卻不斷詆毀上國天朝和她的人民，甚至到了1926年公司老僱員摩斯（Hosea Ballou Morse）出版他的《東印度公司編年史》（*Chronicles of East India Company*），還輕蔑鄙視自己大半生在那裡工作的國家。

有關荷蘭東印度公司族徽外貿瓷可見《中國外貿瓷》一書〈導言〉內一套粉彩茶杯碟及一隻描金粉瓷大碟。茶杯碟圖案設計基本一致，仿自1728年荷蘭在海外發行的一套皇冠錢幣設計（ducatoon不一定是金幣或銀幣），兩隻獅子護衛皇冠，外圈正上端寫有1728，兩旁分寫荷蘭共和國治國格言，「眾志成城」（拉丁文：*Concordia res parvae crescunt*; 英譯：*Through unity small things become great*），外圈正下端有荷蘭東印度公司簡寫VOC字母。這些錢幣流通於印尼巴達維亞及東南亞一帶，足見荷蘭人海貿稱霸強勁。

另一隻族徽大碟屬荷蘭東印度公司總督維肯尼亞（Adriaan Valckenier）訂購的餐盤，此君非乃別人，乃是巴達維亞大屠殺，又稱「紅溪慘案」（Angke Massacre）時上任為巴城總督，資料顯示，1740年10月，荷屬東印度當局在巴城大規模屠殺華人，因肇事地點在城西一條名為紅溪的河，故名「紅溪慘案」。

1720年，由於歐洲蔗糖市場逐漸飽和，爪哇的甘蔗農場面臨來自更便宜的巴西蔗糖及咖啡的激烈競爭，許多農場主破產，1740年隨著製糖業衰退，失業華人增多，盜賊四起。由於警察抓獲罪犯多是穿黑衣華人，殖民當局下令，凡看到穿黑衣褲的人一律捉拿。大批華人受到無辜牽連，華人與荷蘭殖民者之間矛盾進一步加劇。殖民當局遂準備押解被捕華人到錫蘭做苦力，但華人有傳言謂這些流放者將會在途中被拋落大海。一部分華人不願坐以待斃，逃至城外，準備攻

城自衛，但有叛徒向殖民當局告密，使當局有所準備。10月9日，殖民當局以華人準備攻城為藉口，命令城內華人交出一切利器，同時挨戶搜捕華僑，不論男女老幼，捉到便殺，對城內華人進行血腥洗劫。從9日至12日，城內華人被殺近萬人，即使關在監獄及臥病在醫院也不能倖免，僥倖逃出者僅一百五十人。而城外華人不知消息已泄露，按原計畫攻城，從9日至11日激戰三天，傷亡千餘人，終因孤軍奮戰，攻城失敗，被迫轉往中爪哇。這就是有名的「紅溪慘案」，因此次事件，荷蘭東印度公司總督維肯尼亞1741年被撤職，1744年被判死刑，所有財產沒收，1751年當調查仍在進行中，死於獄中。

現藏英國V&A博物館的這隻維肯尼亞族徽大碟明顯經過使用，釉色較佳的一隻應是美國維琴尼亞州的華盛頓‧李大學（Washington and Lee University）收藏，開光墨綠彩插圖更加清晰。

一隻族徽大碟能夠引出如此巨大複雜的歷史事件悲劇，足見物質文化研究，不應只是物質本身，而是它具有的歷史背景或主人故事。外貿瓷研究，也不應止於瓷器本身，而是外貿背後許許多多背景故事，交織成一張張時代光網。人間無言，瓷心有語，就讓外貿瓷細訴這三百年吧。

左頁上圖
粉彩茶杯碟及描金粉瓷大碟，仿自1728年荷蘭在海外發行的一套皇冠錢幣設計，兩隻獅子護衛皇冠，外圈正上端寫有1728，兩旁分寫荷蘭共和國治國格言：「眾志成城」。
左頁下圖
族徽大碟屬荷蘭東印度公司總督維肯尼亞（Adriaan Valckenier）訂購的餐盤。
左圖
較好的一隻應是美國維琴尼亞州的華盛頓‧李大學（Washington and Lee University）收藏，開光墨綠彩更加清晰。

普龍克用三年多設計了四個系列，有四種不同款式圖畫。第一款最為流行，稱「羅傘少婦」（*La Dame au Parasol*），在早已散佚毀壞的原稿中，這張設計圖至今仍保存在阿姆斯特丹國家博物館（Rijksmuseum）。1734年繪成後，1735年送往巴達維亞，1736年分別送往中國及日本繪燒。這些設計主圖細膩，飾邊（border）精緻，仿繪費時耗力，老手繪匠亦不易找，因而造價昂貴，又做了不少修正。

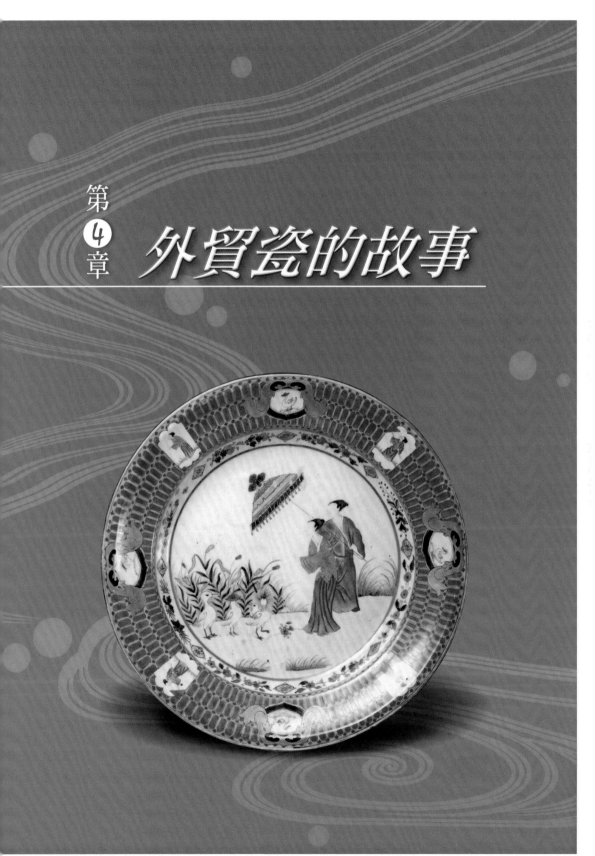

第 **4** 章　外貿瓷的故事

第4章 外貿瓷的故事

（1）Pronk porcelain 普龍克瓷

　　普龍克（Cornelis Pronk, 1691-1759）是荷蘭阿姆斯特丹一名畫師，素描功力深厚，1734年荷蘭東印度公司六個總部之一，代爾夫（Delft）地區委託他設計向中國景德鎮訂購繪燒瓷器系列圖案，類別頗為龐大，包括全套餐器、茶具、花瓶及安放在壁爐架（chimney piece）、壁龕或瓷櫃的飾瓷（garnitures），分別燒成青花、伊萬里及粉彩等瓷器。荷蘭人瘋鬱金香已經夠驚人了，如今瘋中國瓷器，可想從景德鎮訂製回來的普龍克瓷器有多搶手，更不要説三百年後收藏家及博物館的反應了。

　　普龍克用三年多設計了四個系列，有四種不同款式圖畫。第一款最為流行，稱「羅傘少婦」（*La Dame au Parasol*），在早已散佚毀壞的原稿中，這張設計圖至今仍保存在阿姆斯特丹國家博物館（Rijksmuseum）。1734年繪成後，1735年送往巴達維亞，1736年分別送往中國及日本繪燒。這些設計主圖細膩，飾邊（border）精緻，仿繪費時耗力，老手繪匠亦不易找，因而造價昂貴，又做了不少修正。1737年開始輸出第一批產品，經巴達維亞前往荷蘭。青花、粉彩、伊萬里三色均全。（見 p. 50）

　　第二款為「四博士」（Four Doctors，一般書籍都説是三博士，此處是根據荷蘭瓷學大師佐C. J. A. Jorg 所著*Porcelain and the Dutch Trade*, 1982, p.100, 104），畫

上圖
普龍克（Cornelis Pronk, 1691-1759）
右頁上圖
西方裝飾在壁櫥上的青花飾瓷
（garniture）
右頁下圖
壁龕或瓷櫃內安放的飾瓷
第47頁圖
「羅傘少婦」金粉彩瓷

中坐著三人看來應是福祿壽三星，其中兩人對坐，但不下棋，第三人坐於中間觀看，矮桌上放的不是棋盤，竟是一個克拉克青花大盤！後面站有一名博士指天無語，無所事事。柯玫瑰在《中國外貿瓷》稱可能是王質觀棋爛柯的典故。查任昉《述異記》內述，「信安郡有石室山，晉時王質伐木，至，見童子數人棋而歌，質因聽之，童子以一物與質含之，不覺饑。俄頃，童子謂曰：『何不去？』質起視，斧柯爛盡，既歸，無復時人。」

（見 p. 51左圖及右上圖）

因此可見，四博士圖似是而非，亦無棋局，更缺爛柯，也不見王質，

上圖　「羅傘少婦」（La Dame au Parasol）
左圖　「羅傘少婦」（La Dame au Parasol）
右圖　「羅傘少婦」日本繪燒

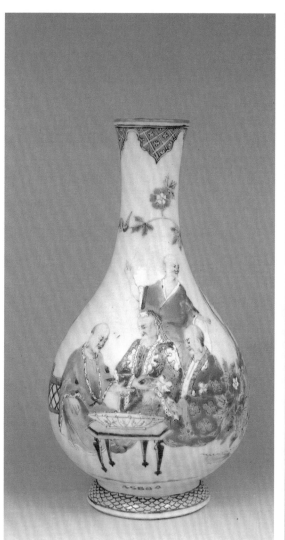

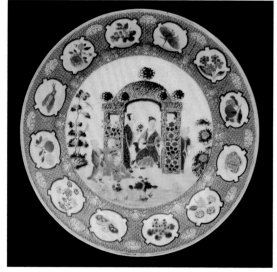

看來又是歐洲典型的「中國風」（Chinoiserie）了。

第三款原稿全部佚失，因此無從對認，佐（Christiaan J.A. Jorg）指出可能是「箭手」（The Archer）或「洗手」（Handwashing）兩種，但難以考證。（見 p.53-54）

第四款「涼亭」（Arbor）青花繪製，也有粉彩。青花是釉下彩，一旦蓋上透明釉後便不能修改，所以在青花、粉彩及伊萬里三種調色（palette）中，以青花瓷的明亮蔚藍最費功夫。「涼亭」內一對情侶獻花求愛，

左圖
「四博士」玉壺春
右上圖
「四博士」盤
右下圖
「涼亭」盤

上圖 「四博士」咖啡茶具
下圖 「四博士」茶具

上圖　洗手（handwashing）瓶，現存美國麻州皮薄迪艾塞克斯博物館（Peabody Essex Museum）。

「箭手」（archer）瓶，現存美國麻州皮薄迪艾塞克斯博物館（Peabody Essex Museum）

亭外有小孩席地而坐，有人佇足，鳥語花香，前景還有蓮池鴛鴦戲水。
飾邊十二開光，似克拉克，分繪花果昆蟲蝴蝶。德國麥森的粉彩茶壺杯
瓷，曾一度仿自「涼亭」構圖。（p. 55-57）

　　坊間還流傳普龍克另一款頗為抽象的棕櫚葉紋飾，十分適合全套
餐具圖案，但與上面四款中國風風格殊異，此款部分餐具現存紐約大都
會藝術博物館，但就連館內人員亦無法確定為普龍克原作，或是經荷

「涼亭」（Arbor）用青花繪製，稀見大盤 50.5 cm，現存布魯塞爾皇家藝術學院藝術和歷史博物館（Royal Museums of Art and History in Brussels）

　　蘭商人擅自更改，荷蘭國家博物館亦無此構圖紀錄。維琴尼亞博物館（Virginia Museum）莫塔罕德外貿瓷收藏（Mottahedeh Collection）亦有茶杯及碟。

　　所謂飾瓷，其實與當時歐洲建築房屋設計有關，西方古代屋內便有壁龕（niche）以安放雕像的設計，就像中國寺廟或石窟安放千佛一樣，但後來房子不可能如此，於是便多安放在廚房（*Porzellankabinetten*,

左、右頁圖　涼亭

cabinet porcelain)、廚櫃（kitchen
cabinet）或壁爐架上，所以法文稱這
種飾瓷為「壁爐華飾」（*garniture de
chiminee*）。貿易瓷器一旦流行，且被
視為高雅藝術品，歐洲人遂以此為家
中擺設炫富及品味炫耀。

擺設飾瓷的流行，與晚期巴洛
克（late baroque）法國建築師馬侯
（Daniel Marot, 1661-1752）建築風格
及室內設計有密切關係。馬侯出身建
築世家，1685年舉家遷往荷蘭，受聘
於荷蘭省督，即是後來英國的威廉三
世。1694年隨威廉三世抵達倫敦，被
任命為主要建築師之一。1698年威廉
三世去世後返回荷蘭度過餘生，他最

有名的建築是荷蘭的「羅宮」（*Paleis Het Loo*），是為威廉三世與瑪麗皇后所設計的宮殿，威廉三世繼承英格蘭與蘇格蘭王位之前，曾與瑪麗皇后居住於此。從他許多室內設計藍圖都可看到對瓷器擺設的重視安置，間接也影響外貿瓷另一風格的轉變，不注重器物實用（as table wares），而轉向器物裝飾功能（decorative items）的配合。

（2）三人樂師青花盤

　　由歐洲供應圖型指定繪燒的另一例子，就是三人樂師協奏圖瓷盤（p. 60-62），出自17世紀末法國版畫家蓬納兄弟畫作，兄長羅拔（Robert Bonnart）首先完成畫作，其弟（Nicholas Bonnart）隨後鑴版（engraving），原名〈德國琴笛協奏〉（*Symphonie du Tympanum du Luth de la Flute d'Allemagne*），原稿現藏巴黎國家圖書館（*Bibliotheque National de France, Paris*），本來是一系列的流行服裝設計圖畫，蓬納兄弟不是什麼出名畫師，但自1675年便在巴黎鑴版區的聖傑克街賣畫，由於主題時髦，緊追宮廷時尚服飾及活動，譬如化妝舞會或音樂演奏會之類，三人樂師就是其中一幅代表作。景德鎮瓷匠按訂單圖表分別繪燒成青花瓷，此青花大盤現藏大英博物館，直徑34.2公分，紋飾屬克拉克開光款式，盤心繪歐洲樂師三人，女操洋琴（dulcimer），一男吹笛（flute），另一彈文藝復興琴（Renaissance lute）。八塊開光飾邊，各繪中國山水人物，交織成一幅中西合璧多元文化的圖畫。盤中女樂師所梳為當年宮廷貴婦爭相仿效的巴洛克「豐唐日女公爵高髻」（*coiffure a la Duchesse de Fontanges*），豐唐日女公爵為路易十四情婦及寵臣，據說當年與皇帝路易十四狩獵出遊，馬上風吹秀髮飛揚，隨即拉起裙裾，褪下襪帶，束髮而縛，神采自若，風華絕代，皇帝為之神馳。後失歡流產，鬱死寺院，年僅二十歲。世態炎涼，髮髻潮流隨即轉變入洛可可。

上圖　法國建築師馬侯（Daniel Marot, 1661-1752）
中圖　「壁爐華飾」（garniture de chiminee），馬侯 1707年設計
下圖　Nicholas Bonnart鑴版（engraving）Bonnart's original etching, 1700

左頁上圖　部分餐具現存紐約大都會藝術博物館。
左頁下圖　棕櫚葉紋飾瓶（Royal Museums of Art and History in Brussels）

此圖可能在景德鎮為一匠或數匠繪製，三人樂師青花盤遂有不同版本，除大英博物館所藏外，另一同樣構圖而人物姿態、開光景物稍有相異，直徑33.9 公分，現藏於英國V&A博物館。另一在1992年5月倫敦佳士得拍賣，品相不如大英及V&A，起標一萬五千至二萬英鎊，不知花落誰家？此外，私人收藏家豪卓羅夫夫婦（Leo and Doris Hodroff）在美國達拉威州（Delaware）的溫特圖爾（Winterthur）亦藏有一隻三人樂師青花盤，並列載於豪卓羅夫一百一十七件外貿瓷收藏目錄一書《中國製造》（*Made in China, 2005, ed. Ronald W. Fuchs II and David S. Howard*）。

　　一種設計，多種表現，大家可對照比較。

三人樂師青花盤，大英博物館。

附詩一首：

歐洲三人樂師青花大盤　　　張　錯

聞說狩獵時風吹帽落

髮散釵亂之際

她在駿馬褪下襪帶

用來高束盤捲秀髮

顧盼之間眉眼生春

皇帝為之目眩神搖

路易十四情婦髮髻太迷人

自此就呼作公爵夫人髮型

從巴洛克到中國清初三朝

操揚琴女樂師輕紗高髻

低胸蕾絲長袖禮服籠裙

手上兩枝小錘

叮咚叮咚聲裡

落英繽紛繽紛

去夜思念難捺淚下如雨

醒來卻已青花藍天白雲

文藝復興琴手若有所思：

是想起學琴的悍婦麼？

動不動就揍人的凱瑟麗娜

音柱按錯冒起火來

把琴迎頭一敲求婚者頭破血流。

長笛為Claude Rafi得意傑作

牧歌聲韻悠長

三人琴笛和鳴協奏

青花幽艷，春日無聲

最好的時光在最深的沉默

八塊開光走馬燈般三花聚頂五氣朝元

有山水人物亭台樓閣

有人獨釣江水，有人臨淵羨魚。

● Claude Rafi 為法國里昂製造文藝復興長笛（Renaissance flute）的巧匠。

文藝復興琴（Renaissance lute）八弦，半梨型。悍婦學琴出自莎士比亞劇作《馴悍記》第二幕第一場。

左上圖
1992年5月於倫敦佳士得拍賣品

右上圖
私人收藏家豪卓羅夫夫婦（Leo and Doris Hodroff）在美國達拉威州（Delaware）的溫特圖爾（Winterthur）亦藏有一隻三人樂師青花盤

左下圖
私人收藏家豪卓羅夫夫婦（Leo and Doris Hodroff）藏有另一隻三人樂師青花盤

右下圖
當年宮廷貴婦爭相仿效的巴洛克「豐唐日女公爵高髻」（coiffure a la Duchesse de Fontanges），有圖為憑。

右頁圖
喬治·尤摩夫普洛斯（George Eumorfopoulos, 1863-1939）

（3）英國收藏家尤摩夫普洛斯（George Eumorfopoulos）

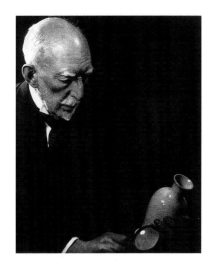

　　研究中國陶瓷的人，若不知道英國希臘裔的收藏家喬治·尤摩夫普洛斯（George Eumorfopoulos, 1863-1939, 在此簡稱尤摩夫），就像研讀英國戲劇不知有莎士比亞。中國瓷器專家霍浦遜（R. L. Hobson, 1872–1941）兩本經典名典《中國藝術》（*Chinese Art,* 1927, 1964）、《中國陶藝》（*The Art of the Chinese Potter*, 1823, 1982）裡面彩圖非常多，尤其《中國藝術》全部彩印，早年非常難得，此書不止大部分介紹陶瓷，還涉及青銅、漆器、家具、玉器、屏風、畫卷等等。如再細看兩書彩圖器物出處（provenance），除了大英博物館、V&A博物館、劍橋的費茲威廉（Fitzwilliam Museum）、牛津的阿什莫林（Ashmolen Museum），其他許多竟是來自尤摩夫的收藏，可見其藏品豐盛。

　　2011年佳士得在倫敦拍賣霍浦遜編著《尤摩夫普洛斯中國、韓國及波斯陶瓷收藏目》（*The Catalogue of the George Eumorfopoulos Collection of Chinese, Corean and Persian Pottery and Porcelain*, 1926, London)，全套六冊，限量七百二十五套，拍品第291號，成交總額一萬英鎊。

　　尤摩夫是希臘裔第二代英國人，父親原是靠近土耳其的希臘海島西奧（Chios）居民，1822年「希臘革命」伸張脫離鄂圖曼帝國，革命軍進入島內宣揚獨立，土耳其鄂圖曼軍隊趁機在島上大肆焚燒搶劫屠殺（四週內，約全島四分之三的人口被四萬土耳其軍隊全部屠殺，包括所有三歲以下嬰孩，十二歲以上男性、四十歲以下女性，除非她們改信伊斯蘭教，大約四萬五千希臘島民被殘殺，五萬希臘人被賣為奴隸，另外兩萬三千人被放逐，不到兩千個希臘人在海島倖存下來，這就是有名的「西奧大屠殺」（Chios massacre）。法國浪漫派畫家德拉克洛瓦（Ferdinand

德拉克洛　西奧大屠殺　1823-1824　油畫畫
布　419×354cm　巴黎羅浮宮美術館藏

描繪突厥人鐵蹄下的無辜百姓，右下角小小
一方幼兒跪爬在已喪生母親身上，不知母已
死，腹中猶自飢。

Victor Eugène Delacroix, 1798-1863）有名畫一幅描繪突厥人鐵蹄下的無辜
百姓，右下角小小一方幼兒跪爬在已喪生母親身上，不知母已死，腹中
猶自飢，欲想找到母親哺乳胸脯，令人心酸滴淚。

　　尤摩夫父親舉家移居英國，他出生自利物浦，畢業於希臘高中學院
（Greek College），因是長子要幫助父親做糧食買賣到俄國，沒有機會
唸大學。1902年他正式替一間英國埃及出入口貿易公司工作，擔任高級
職員，一直到1935年退休為止。

　　他早時收集歐洲瓷器、日本文物，1906年開始碰到中國文物，一頭
栽進去，鍥而不捨，沒有回頭，並開始研習東方文化，收藏中國陶瓷，
從清三代瓷器轉入唐宋名瓷作為主力收藏，進而對繪畫、壁畫、青銅、
玉器、雕塑等古代藝術品及韓國、波斯瓷器兼收並蓄。他收藏有兩只汝

窯瓷盤，一只捐給大英博物館迄今，另一只流出在日本，一度曾在蘇富比拍賣。

　　他曾計畫想將把畢生收藏建立一間東方藝術博物館，但1929年全球經濟衰退大蕭條令他財務出現問題，不得不與大英博物館，V&A博物館商洽出售部分珍藏，共計賣出三千件藏品，包括古畫、青銅器、明代瓷器、唐三彩陶俑、玉器、金銀器、象牙雕器，按照市價應至少值五十萬英鎊，他極慷慨只收十萬英鎊（人們稱讚此種高貴風範為princely gesture），可是建立博物館仍無力實現。他不同貴族家世的戴維德（Percevil David），雖然倆人興趣相同，也一起在中國搜購過文物，他始終不是資本家，他有的資本就是時機，他是西方少有長期購買虔誠奉獻的「早購者」（early starter），那時琉璃廠古董商們有交情、有見地、有操守，當然也有敗類，但見識比今天的文物商或拍賣行好。尤摩夫逝世後，後人將他的藏書捐給倫敦大學亞非學院（SOAS），又通過拍賣行售去另一部分藏品，分散到各大博物館和私人收藏家手中。但現今人們仍有幸在英國的大英博物館、V&A博物館，雅典的貝納基博物館（Benaki Museum）看到其收藏的盛世餘暉。

　　雖然無法自建博物館，尤摩夫回饋給祖國希臘貝納基博物館的無私捐贈，卻又是另一種高貴風範。貝納基斯（Antonis Benakis, 1873-1954）是出生在埃及亞歷山大港（Alexandria）的希臘富商，家世顯赫，父親一代亦屬希臘革命時期流徙外地，在埃及經營布業。貝納基斯於1920年回希臘定居，始終沒有忘記想在雅典利用祖屋籌建博物館。1927年他在開羅認識尤摩夫後，倆人志同道合，相交莫逆，彼此從1927-1939年的通信至今仍保留在貝納基博物館檔案資料，這些信件顯示出貝納基斯怎樣去說服尤摩夫把收藏回饋給希臘。1927年尤摩夫

尤摩夫曾計畫想將畢生收藏建立一間東方藝術博物館。

從劍橋取回一百零四件文物，另再加上兩百三十七件，於1929年付輪船駛向雅典。1931年貝納基博物館正式開幕，尤摩夫和戴維德聯袂出席，這是他惟一的一次訪問希臘，1934年他告知貝納基斯已將大部分收藏賣給大英博物館（後分兩批，一批賣給V&A），但他另留下四百五十件文物捐贈給貝納基博物館。李殊（Ashton Leigh）與霍浦遜先後替他編過兩本博物館的中國瓷器目，霍浦遜於1939年更新目錄後，同年，尤氏逝世。

讓人高興的是貝納基博物館2016年出版了一本印刷精美的《中國再覓現：貝納基博物館中國瓷器收藏》（*China Rediscovered: The Benaki Museum Collection of Chinese Ceramics, 2016*），其實就是尤摩夫的收藏再覓，內裡不少官窯，但似乎有個心願在這些收藏，呈現他的中國瓷器覓尋心路歷程，不只是漢唐盛世的陶俑馬駝、綠釉三彩、還有近三百年來中國瓷器與世界外貿產品，龍泉青瓷、建窯吉州、青白青花、德化白瓷、粉彩素三彩、磁州耀州都在這本目錄，是研究外貿瓷的好資料。

左、右圖
明青花罐，可比較普龍克「四博士」（Benaki Museum）
左頁上、下圖
明代褐色金龍瓦通，希臘雅典貝納基博物館（Benaki Museum）

克拉克（kraak），應是指葡萄牙語「大型商船」carrack 變音，當然一轉入學術研究，又是眾説紛紜，都不必深究。起因應是在1604年，荷蘭人劫掠兩艘葡萄牙大商船後，將船上數萬件青花瓷運回荷蘭拍賣，瓷款新穎，震驚歐洲，譽滿歐洲，被普稱為克拉克瓷（kraakporselein，荷蘭語）。

第 **5** 章 克拉克

第**5**章 克拉克

外貿瓷類型，克拉克和軍持分別占了兩個重要位置，它們基本上是外銷瓷類，尤其克拉克，中國人很少使用克拉克盤碗，就像軍持多在東南亞小乘佛教國家使用。儘管我們不能用絕對有或無來斷定它們在中國的使用，然而克拉克被認定為青花外貿瓷，尤其大部分銷往荷蘭，少在中國流通使用，無可置疑。

　　近年西方學者對外貿瓷研究大幅提升，長期居住新加坡的義大利瓷器學者慕娜‧李娜蒂（Maura Rinaldi）出版了第一本系統研究克拉克瓷專著《克拉克瓷──貿易史的片刻》（*Kraak Porcelain──A Moment in the History of Trade,* 1989），據說花了五年時間搜集資料撰稿，該書現已絕版，坊間二手書店標價從五百美元飆到一千美元。

　　此外，尚有更昂貴如大英博物館陶瓷學者康蕊君（Regina Kraul）出版三大巨冊《伊斯坦堡托卡皮皇宮博物館中國瓷器全部目錄》（*Chinese Ceramics in Topkapi Saray Museum, Istanbul: A Complete Catalogue,* 1986），不但絕版缺貨，現今市價已賣到五千美元。這些都是上世紀80年代出版現象，當時彩色印刷極昂貴，器物彩圖可謂一圖難求。很多人應該記得，早期許多彩圖，都是另外一張一張印好才貼回書上的，那就是說，一本三百頁的書內如有三十張彩圖，印刷一千本的話，那就要分別

上圖
克拉克瓷，日本有田燒
右頁圖
克拉克瓷（kraakporselein，荷蘭語）
第69頁圖
克拉克玉壺春

在一千本書內人工貼上在不同頁數的三十張彩圖。

　　李娜蒂是第一個以完整著作把克拉克瓷看作外貿瓷種典型，她在「導言」一開始，就帶著惋惜輕諷的語氣，提到早年陶瓷專書如布歇爾醫生（Stephen Bushell, 1844-1908）那本經典《東方陶藝》（*Oriental Ceramic Art, 1896*），只著重官窯單色釉和琺瑯瓷，就連青花也只算次等，至於明末以降的外貿瓷，則語焉不詳，匆匆帶過。

　　接著她詞鋒一轉，説布歇爾得天獨厚久居中國，能全面接觸瓷器一手知識，可憐一般歐洲學者或收藏家（the average European scholar or collector），僅能限於在他們最有興趣近三百年的「中國訂單」（*Chine de Commande*）打轉，所以要從上世紀50年代開始，才不斷有外貿瓷的著作問世。

　　《克拉克瓷──貿易史的片刻》至今仍為研究克拉克不可或缺的權威著作，李娜蒂生長自義大利，在日內瓦大學攻讀現代語言，獲榮譽學位，僑居新加坡達三十餘年，搜集整理外貿瓷器，厥功甚偉，不遜當年吉隆坡研究中國藝術史的英國學者韋勒斯（William Willetts, 1918-1995）。李娜蒂另一本目錄著作《文人瓷器品味》（*Ceramics in Scholarly Taste*, 1993），列舉新加坡國家博物館及民間收藏家在明清兩朝文房四寶及文士書房品味、瓷印章、印盒、青花筆盒、茶具種種收藏，絕對可以補充早年大都會藝術博物館集李鑄晉、何惠鑒眾學者之力出版的《中國文人書齋》（*The Chinese Scholar's Studio*, 1989），此書當年也是出版太早，黑白圖片太多，效果不彰。

　　一般克拉克研究，多自名字解題，克拉克（*kraak*），應是指葡萄牙語「大型商船」

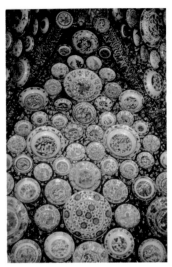

carrack 變音，當然一轉入學術研究，又是眾説紛紜，都不必深究。起因應是在1604年，荷蘭人劫掠兩艘葡萄牙大商船後，將船上數萬件青花瓷運回荷蘭拍賣，瓷款新穎，震驚歐洲，譽滿歐洲，被普稱為克拉克瓷（*kraakporselein*，荷蘭語）。

克拉克瓷有青花大盤、湯碗（klapmut bowl）、中碗、梨形玉壺春、軍持，高腳大口杯（beaker），茶杯、碟、茶壺、水壺或酒壺（ewer）等器型，最大宗為青花大盤，顛覆一般歐洲貴族飲食習慣，以大盤盛載不同食物，眾人分別取用，顯得平民化及自在。一般大盤除了中間大幅主題圖畫外，內壁邊飾圖案（borders）分別開光繪圖（panels, cartouches），視乎盤子大小，有三開光、八開光、十開光、甚至十二開光等不同形狀，開光內繪對稱的向日葵、雜寶、暗八仙、扇子、花鳥、人物、山水。盤子外壁也常繪四至八個開光，內繪圓圈或花卉，開光間隙和主題圖畫外有萬字紋、織錦紋、魚鱗紋等紋飾。

葡萄牙人入華甚早，上述的克拉克瓷應自明朝嘉靖（1522-1566）、隆慶（1567-1572）及萬曆（1573-1620）年間便大量燒製出口，嘉靖時景德鎮已回復開窯，一度

右圖
明萬曆軍持
左圖
克拉克提梁壺

左頁上圖
荷蘭東印度公司訂購的青花克拉克全來自景德鎮燒製，質薄而堅，紋飾清朗，麋鹿嬉遊。

左頁下圖
乾隆年代沉船「哈察船貨」（Hatcher Cargoes）在青花、粉彩或琺瑯彩的開光設計。

產量不足，遂於福建沿海漳、泉二州、廣州、潮州一帶（Swatow wares）仿燒加產，不限於青花，尚有釉上五彩，但胎厚釉粗，繪工筆劣，鳳凰如鴉，難見野趣。到了荷蘭人海霸崛起，荷蘭東印度公司訂購青花克拉克，全來自景德鎮燒製，質薄而堅，紋飾清朗，麋鹿嬉遊，池塘鴨戲，那是克拉克大盤的輝煌主題。

雖然民窯克拉克質素不及官窯青花瓷細緻，但它代表一種藝術突破，不追隨傳統，更破舊立新，以民間活潑不羈的寫意，顛覆官窯工筆細緻的莊嚴。18世紀以降西方及荷蘭畫家靜物油畫，常常看到許多青花克拉克大盤與海鮮、肉食、水果、鸚鵡螺入畫。畫面有時襯著神話傳說、非洲奴僕或西葡伊比利亞半島的穆斯林摩爾人（Moors），增添許多異國風情。

開光紋飾承先啟後，繼元代至正年的如意開光，清康熙花卉開光是特徵，清代沉船青花外貿瓷，如越南海撈「頭頓沉瓷」（Vung Tau Wreck）、「金甌沉船」（Ca Mau Shipwreck），便能引證出康熙、雍正兩朝開光紋飾的有恆風格，進而影響乾隆年代沉船「哈察船貨」（Hatcher

上圖　楊‧史汀（Jan Steen, 1626-1679）　托比亞與莎拉的婚禮（The Marriage of Tobias and Sarah）　約1673　現藏於舊金山美術館（Fine Arts Museums of San Francisco）

下圖　〈托比亞與莎拉的婚禮〉局部

左頁左圖　范斯特里克（Juriaen van Streel, 1632-1687）畫中有時襯著神話傳說、非洲奴僕或西葡伊比利半島的穆斯林摩爾（Moors），增添許多異國風情。〈有摩爾侍者的靜物〉（A Still Life with a Moorish Servant Standing Behind a Table）。

左頁右下圖　法蘭斯‧史奈德（Frans Snijders, 1579-1657）　水果、瓷器與松鼠（Still Life with Fruits, Porcelain and Squirrel）

左頁右下圖　歐夏斯‧畢爾（Osias Beert the Elder, 1580-1623）　蠔蚵與甜點（Oysters and Sweetmeats, Still Life）

Cargoes）或「南京船貨」（Nanking Cargo）在青花、粉彩或琺瑯彩的開光設計，光彩照人，那是非克拉克開光圖案所始料所及了。

　　荷蘭研究外貿瓷專家有兩人，一個是前輩學者伏爾加（T. Volker），另一個是佐（Christaan J. A. Jorg）。早在1954年，伏爾加就著有《陶瓷與荷蘭東印度公司》（*Porcelain and Dutch East India Company*）一書（1971年再版），資料詳盡，為必須參考書，可惜今天連再版本亦不容易找到。伏爾加的研究方法是翻閱業已印行的荷蘭東印度公司從1596年開始到1682年全部紀錄（registers），也包括印尼巴達維亞（Batavia，記錄是由多名書記在不同年份分別登記下來，上面的 I 或 me 可能都不是同一人），及日本長崎海灣平戶（Hirado）、出島（Deshima，一個人工島）的貿易登記 （登記冊由始至終由一人撰寫，所以代名詞均用第一人「I, 我」稱），梳理出重要事件活動。譬如荷蘭於1602年在南大西洋聖海倫娜島（St. Helena）擄獲（captured，暗指勝利品）葡萄牙大商船「聖雅歌」號（San Jago）駛回荷蘭西南部的米都堡（Middleburg），餽贈該城二十八套瓷碟及十四隻小碗，另送當地達官顯要一些瓷器禮品，然後其餘大部分「天哪總數非我所知」的瓷器（the amount of which is alas unknown to me），就按照比例分配（*pro rata*

上圖、右頁圖
克拉克大湯碗klapmut
下圖
康熙素三彩克拉克

parte）留給另外兩艘把聖雅歌號拖回來拍賣的荷蘭商船人員。

由這樣記錄可知，又是一次暗底分紅的糊塗帳。但在此之前，荷蘭人沒有怎樣接觸上等中國瓷，多是向葡萄牙及西班牙小量購買，這次見識到大批精緻的外貿瓷。

翌年1603年8月3號，另一艘荷蘭商船自印尼萬丹（Bantam）海港出發，航行長達八個月，滿載萬曆年間青花瓷，於1604年3月24日返抵荷蘭法拉盛（Flushing），帶來胡椒、龍涎香（ambergris）、肉荳蔻、絲綢、瓷器。這批萬曆年間青花瓷使荷蘭人為之瘋狂，基於上次擄獲葡萄船大船（carrack）的瓷器，他們遂稱這批萬曆青花瓷為「克拉克瓷」，與荷蘭語的易碎或開片（crackled）無關。

1604年荷蘭又擄獲另一艘葡萄牙商船「嘉德蓮娜」號（Catharina），登記冊說，船上貨物「包括有不可勝數各式各樣的瓷器」，重量直追 30 拉士特（last，荷語全文為*scheepslast*，是17世紀荷蘭東印度公司的度量衡單位，一個拉士特等於1250公斤），那就是說這些瓷器全部重量，直達三萬多公斤。伏爾加又分別自當年此批船貨抽樣掂稱，大概平均一件為550公克（gram），抽除包裝，這批「不可勝數」的瓷器，共有十萬件之多，御駕前來投標的法王亨利四世，就投得一套精美絕倫（of the very best quality）晚宴餐具，英王詹姆士一世亦大批買回英國，都是來自葡萄牙船嘉德蓮娜號。

基本上我們可以認定，軍持原型並非起源於中國，而中國軍持則在宋、元、明年間形成了各自的風格，並發展為出口瓷易瓷，與東南亞及南亞諸國軍持風格互動演進息息相關。

第 **6** 章

軍持起源與其他
地區的互動風格

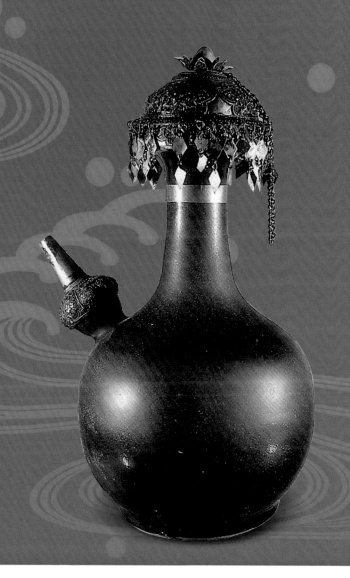

第6章 軍持起源與其他地區的互動風格

上圖 於8、9世紀自地中海東岸入華「琉璃盤口細頸貼塑淡黃色瓶」（陝西法門寺博物館）
右頁上圖 14世紀中東紅銅水煙壺hookah（私人）
右頁下圖 11世紀波斯琉璃淨水瓶
前83頁圖 清德化藍釉銀飾軍持

「軍持」（kendi）是外來語，為宗教及俗世兼用的水器，無執柄，用時手握瓶頸而傾。Kendi呼為軍持的詞源頗為複雜，軍持出自音譯梵文（Sanskrit）的「流嘴壺」kundi，或kundika（中國佛教稱為寶瓶），梵語的「ka」為「減小後綴語」（diminutive suffix），凡是梵語後綴以「ka」，均指前文較小之器。因此kundika，就是比kundi較小的「小流嘴壺」，猶如比雪茄（cigar）更小的香煙，就會加「減小後綴語」的「ette」叫香煙（cigarette）。Kundi為kundika簡稱，大小混淆不清。印度婆羅門及東南亞小乘佛教國家的kundika就有高達32多公分的銅壺，其特異處為流嘴（spout）多有小蓋，倒水時反多自狹長壺口（mouth）傾出。

軍持器型特徵有三種，按風格特徵劃分，從六朝隋唐為第一

種，宋明為第二種，明清為第三種。第一種軍持即唐代義淨描述的淨水瓶，以北方白瓷青瓷等窯場燒造，包括湖南長沙窯都有。北京故宮藏「白瓷淨瓶」被訂為唐代，描述為：「盅口，細頸，頸中部出塔沿，肩豐滿，腹下漸收斂，足外撇，淺圈足，小彎流，流口也作盅形……此類瓶式大多出於晚唐、五代的墓葬中。」魏禮澤（William Willets）在其《中國藝術》一書就提到早在1928-1929年，來自錫蘭的印度佛教藝術專家Ananda Coomaraswamy（1877-1947）在佛像雕塑中注意到觀音手持淨瓶就是「君稚迦」（kundika），但魏氏置疑觀音手中所有的淨瓶均是「君稚迦」，或手持「君稚迦」的菩薩均是觀音。

　　基本上我們可以認定，軍持原型並非起源於中國，而中國軍持則在宋、元、明年間形成了各自的風格，並發展為出口瓷易瓷，與東南亞及南亞諸國軍持風格互動演進息息相關。本文試圖探索軍持的起源及中國軍持與中東、南亞、東南亞、東亞等地區軍持風格的互動關係。

　　軍持隨印度佛教淨瓶君稚迦引入中國，殆無疑論。淨水瓶或軍持能流通中東等地，亦與伊斯蘭文化有關。伊斯蘭文物顯示，9至13世紀的波斯琉璃淨水瓶，與唐代法門寺1987年出土於8、9世紀自地中海東岸入華的「琉璃盤口細頸貼塑淡黃色瓶」風格相同。11至17

世紀波斯或伊朗黃銅有柄水壺，管狀長流嘴與肩腹亦與宋代長流軍持相像，所不同者唯有柄而已。

中東一帶本就有用白銅、黃銅、紫銅或瓷製的阿拉伯水煙壺（hookah），利用形似軍持的水煙座注入清水，接管再另加煙絲，即可吸食。瓷製軍持雖非與水煙壺形狀絕對相同，但流口與裝水壺口均可分別接管及另裝煙絲，有此潛質功能，遂可用作吸食水煙。

伊斯蘭教信徒利用軍持作為聖水容器是不爭事實。馬來西亞、印尼一帶軍持器物經常顯示銀器加工裝飾，瓶口除鑲嵌銀質護口外，更在瓶徑口沿及奶子流口加鑲純銀護蓋，另飾流蘇，工藝精緻，極具中東波斯風格。許多中國明、清兩代軍持都在東南亞一帶加鑲銀飾，形成一個獨特伊斯蘭及華夏溶合風格傳統，分別顯示個別文化基質與互動。

中東波斯、南亞印度早在公元前334及326年分別被亞歷山大大帝（Alexander the Great 356-323 B.C.）進侵，古希臘文化（Hellenistic culture）隨即流入。印度佛教進一步與歐羅巴文化結合成犍陀羅（Ganhdara），與本土笈多（Gupta）佛教藝術分道揚鑣。

本來在康士坦丁堡（Constantinople）一直影響東羅馬帝國「拜占庭」（Byzantine, 306-1453 A.D.）的古希臘文化，到了15世紀卻淪入伊斯蘭東突

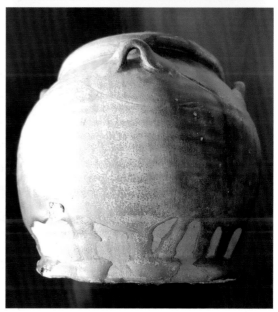

左、右上圖　印尼勿里洞島（Belitung）沉船唐代「長沙窯」青釉褐彩碗（私人）
左、右下圖　隋唐洪州窯醬釉藍斑三繫罐（私人）

左頁上圖　清德化綠釉銀飾軍持
左頁中圖　宋德化瓜楞直流軍持（沉船，私人）
左頁下圖　隋唐洪州窯黃釉獸流軍持

厥（Eastern Turks）族的鄂圖曼帝國（Ottoman Empire）手中，改稱為伊斯坦堡（Istanbul），其代表文化隨即轉變為伊斯蘭文化。

　　印度則在16世紀開始，即被信奉回教的莫臥兒帝國（Mughal Empire）統治長達三百餘年（1526-1857），官方語言是波斯語，莫臥兒帝國雖然被視為系出蒙古帝國，歷代皇帝卻都是突厥裔人士。統治者巴比爾（Babur）是有蒙古族血統的突厥人，帖木兒汗國帖木兒（Timur）的後裔。巴比爾在1526年攻陷德里（Delhi），結束了德里蘇丹國在印度三百二十年的統治，建立印度歷史上文治武功遠勝於孔雀王朝、笈多帝國的第三帝國——莫臥兒帝國。其翠玉、白玉彎柄新月匕首，更是名聞寰宇。

　　南亞印度本土文化（宗教則包括佛教及印度教）到16世紀已揉合了古希臘文化、波斯文化、突厥文化。也就是說，伊斯蘭與佛教這兩大宗教藝術，彼此分享著異中有同、同中有異的綜合風格。中國北魏時期雖有外族鮮卑血緣，終歸漢化。然唐代藉絲綢之路與西域文化互動，卻是華夏純種中原文化與外來文化的「雜揉」（hybrid），繼往開來，大放異采。

　　絲綢之路能夠自伊斯坦堡直達長安，不僅是唐太宗武力與外交向西域拓展，同時更應該是伊斯蘭文化沿著絲綢之路反方向自土耳其的伊斯坦堡、波斯的撒馬罕爾（Samarkand）、中亞諸國如龜茲（Kucha）、吐蕃（Turfan）等自蘭州直入長安。波斯粟特（Sogdiana，又稱康國，昭武九姓的城邦之一）的撒馬罕爾於貞觀二十一年（647）入貢金桃：「康國獻黃桃，大如鵝卵，其色黃金，亦呼為金桃」。

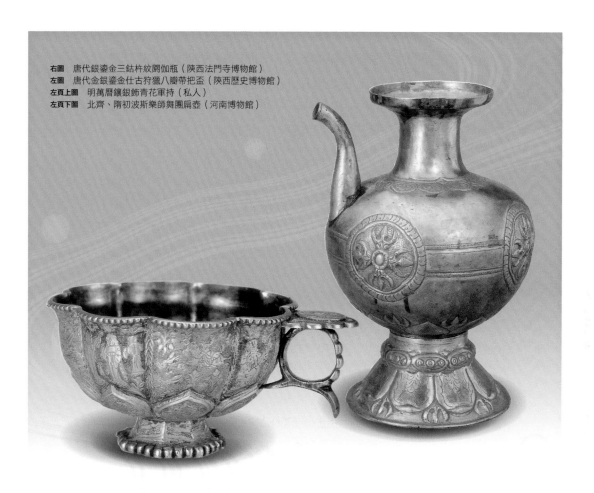

　　絲綢之路帶動中亞一帶西域國家對中國唐代文化藝術互流，五弦琵琶及音樂來自龜茲；胡姬、胡騰舞來自粟特、馬乳葡萄接種及葡萄酒來自高昌（Koocho）、騎馬杖擊的「波羅球戲」（polo）來自吐蕃等地。青銅器物以瑞獸葡萄鏡至為顯著，陶瓷器物中，長沙窯壺碗、扁壺、鳳首瓶（酒壺）及許多金銀帶把酒盃紋飾，都有粟特人工藝風格。就連雙龍耳壺，也難逃古希臘文化雙耳壺（amphora）風格聯想。軍持是其中的一種器物，唐代法門寺塔基地宮出土有「銀鎏金三鈷杵紋閼伽瓶」，高20公分，盤口細頸，圓腹無柄，腹部上出彎曲型喙形流，已是佛教淨瓶法器受波斯一帶影響的實例，雖稱閼伽瓶，是密宗壇場作法的閼伽法器之一，也稱功德瓶，主要盛裝淨水以供諸尊澡浴洗滌煩惱陳垢，亦是軍持類。

中東及南亞龐大的伊斯蘭與佛教文化藝術，進一步影響東南亞器物風格。東南亞七國出產或出土的軍持，包括印尼、泰國、越南、馬來西亞、柬埔寨（高棉，Khmer）、菲律賓及緬甸，其中又以出產瓷器的泰國及越南最為出色。印尼自稱新石器時代已有陶土軍持，但其粗糙質料外型實在難分辨為有咀水器或軍持。自宗教水器而言，較可靠歷史証據可以上溯至西元 8 世紀馬來半島及印尼群島（Malay-Indonesian Archipelago）一帶出土的低溫陶土（earthenware）軍持，尤其泰國南部出產的管狀長流白釉陶土軍持。

東南亞學者強調印度或東南亞為軍持發源地，其中更牽引出「倒灌軍持」（kendi maling，又稱偷水軍持 thief's kendi）的說法，認為倒灌軍持是軍持的前身。其實倒灌壺又稱內管壺，中國宋遼時期已有，1968年陝西出土有耀州青釉剔花倒灌壺，可作此類器物典型。到了清代，多為彩釉壽桃壺型。

「倒灌軍持」因壺底中心有一內管直通壺腹，水自壺底中心內管倒入後，分別駐外壺腹左右兩邊，而不流出。壺雖有流和頸，但卻無口無蓋。「倒灌軍持」自然無柄，但倒灌器型究竟源出何處，是一問題；即使源自東南亞，又如何能証明是軍持的前身？至於倒灌器型便於在山泉河流以底部灌水，不過是一種方便取水方法，需數次反覆傾顛，取水甚為緩慢，未必就是軍持用途起源。況且軍持一直是少量產品，「倒灌軍持」受外來影響的可能極大，雖不見得就是中國，更可能是波斯一帶，而不可能是軍持的演變原型。

早期陶土軍持在東南亞一帶燒造使用，我們可以肯定它的源流不見得單純為宗教法器，而是民間用作相互傳遞而不沾唇的飲水器物。這種推論，仍然要從器物實際用途判

上圖　明宣德新月唐草淨水壺
右頁上、下圖　明初雙角新月青花壺

斷，只限於較大型的軍持，而且流嘴，無論管狀長流或奶子圓渾，必需洞口寬敞，以便飲用。貯水量少的掌中軍持，即使在泰國或柬埔寨陶土燒製，應是小乘佛教國家取用的聖水淨瓶。

　　另一種傾向伊斯蘭文化影響軍持外型的說法基於中國明代早期「新月青花軍持」中間有長徑執手，兩邊鉤出如一彎新月，其中一邊有小細流，水可自細流傾出。新月是伊斯蘭一種國族、宗教重要象徵，1453年穆斯林軍隊攻占了拜占庭，穆罕默德二世將城中拜占庭帝國希臘東正教的聖蘇菲亞大教堂改成伊斯蘭清真寺。1566年鄂圖曼帝國的賽力利姆二世在清真寺的大拱頂豎起一個大型銅製新月，成為鄂圖曼帝國及其他清真寺仿效模型，亦為許多回教國家國旗特徵。新月亦為器具典型，除了明月彎刀，還有16世紀波斯流行的鑲造極為精緻的黃銅新月「施捨缽」（kashkul, begging bowl），兩邊月角彎出小龍首，缽

身下彎弧度留出渦捲框紋飾（cartouche），內刻回教經文。足見明代貿易瓷器的明月軍持，確實受伊斯蘭風格影響。

軍持無柄、敞口或口沿內斂、有頸盈手以便執持、鼓腹、有流。陶土單色軍持腹部常有槽凸瓜楞或內凹弦紋、圈足、這是基本器型。然以類分，卻可自流狀分為五大型：管狀長流、奶子圓流、彎曲流、獸狀流或獸狀軍持（zoomorphic）、擋片流（flanged sprout）。

五大類型中以前二者的管狀長流及奶子圓流最普遍使用，奶子圓流更有小洋蔥形及木瓜形，尤其東南亞一帶陶土木瓜流軍持造型奇特，讓人印象深刻。越南青花

左上、下圖
清乾隆鑲銀飛鳳青花軍持（部分）
右圖
清乾隆鑲銀飛鳳青花軍持（私人）

左上圖
日本有田燒軍持
右上圖
明15世紀堆線瓜楞形青花軍持
左下圖
越南12世紀青花沉船蕉葉蓮花渾圓流軍持（私人）
右下圖
日本16世紀有田燒青花橢圓流軍持（私人）

呈色較淡淺,近似波斯青花粉藍,不像康熙寶石藍深湛亮麗,容易辨認。問題在於管流軍持管粗流大,固可執作團體飲用不觸唇的共同水器。其他軍持流口均有抑制水流而成細水的功能,用作盛載宗教淨水或聖水非常顯著。

分辨中國與東南亞製造之管狀長流軍持極易,中國宋、元自泉州一帶出產的管流軍持,其管與徑之間伸出角度多呈45度,常為東南亞諸國詬病,認為不合壺管角度常理。

上圖 元褐釉直流軍持（私人）
左頁圖 泰國 Sawankalok 小型黑陶橢圓流軍持（私人）

　　佛教經典有所謂「醍醐灌頂、甘露灑心」之說。醍醐並不一定解作發酵乳脂的乳酪解，梵文「醍醐」（*manda*）單字可作本質精髓，如甘露法水或咒語口訣、經文祕笈等一些有形或無形質素，以作灌頂洗滌加持。古印度新王登基儀式中有取四海之水裝載寶瓶，灌注新王頂上，以徵四海歸順。可見象徵作用大於實用洗滌作用。

　　佛教後來亦喜用祝聖後之甘露水灌流弟子頭頂，以喻不斷晉階修行永不離佛。《維摩經》內謂：「令問維摩，聞名之如露入心，共語似醍醐灌頂」，即是指領悟過程中，如甘露灑心，心頭雪亮。觀自在菩薩有甘露楊枝，遍灑人間，清涼消熱。《佛說甘露經陀羅尼咒》記載：「取水一掬呪之七遍散於空中，其水一滴變成十斛甘露，一切餓鬼並得飲之，無有乏少皆悉飽滿。」《無量義經》云：「法譬如水，能洗垢穢……其法水亦復如是，能洗眾生諸惱垢。」《金光明經四》云：「夏火熾熱，惟願世尊，賜我慈悲清涼法水，以滅是火。」一滴水變成十斛甘露，亦是指涉雖出水不多，然涓滴法力無窮。

　　裝載甘露法水的淨瓶並不一定是軍
持，但至少灌頂賜福的水流不宜急快，
窄長頸淨瓶或細流口軍持均有此功能。
奶子圓流加貯小量淨水於奶子流內，以
緩解傾瓶時淨水衝擊，極富物理作用。
東南亞越南、泰國、柬埔寨出土極多大
型奶子流口陶土軍持，可能亦牽涉聚會
信徒人數多寡，容器量大，出水細流，
不用多次添斟存水。

　　明朝海禁，日本的有田燒及伊萬里取代中國在東南亞的軍持陶瓷
市場，青花及五彩奶子軍持極多，質量皆優；日本與中國青花軍持最大

分別在於日本山水花卉紋飾漫漶如寫意潑墨，明代萬曆青花則用回青浙料，微帶灰藍，開光處處，眉清目秀。高麗因受龍泉窯影響，青瓷縹青祕色，獨步一時。12世紀出產有白、赭土鑲嵌及陰、陽刻的君稚迦青瓷。

　　彎曲流軍持專家多謂衍變自茶壺，其實印度、波斯早期大型銅製水器均有彎曲流，主要仍是傾倒時兩物相對的空間距離、水流緩衝，尤其清代藏傳軍持，多為彎曲流風格。

　　擋片流（flanged sprout）加裝一面擋片可以增加美感及保護流口損壞、或用作水煙管套入流後的接口，尤其銅製擋片流。

　　最後一類是鳥獸型（zoomorphic）軍持，中國自唐宋元明書畫發達，文房四寶及水注需求益增，水注體小，鳥獸造型亦多。到了明代的青花象形軍持，饒富佛教意義。大象本是波斯與印度及東南亞地區吉祥物，亦勇猛慓悍。此類軍持除了在頸部繪有花草外，常在象背披鞍錦緞開光加飾馬、兔子、花卉或波濤。《優婆塞戒經》內「三種菩提品」有喻大乘菩薩修行精進，若香象渡河——「如恆河水，三獸俱渡，兔、馬、香象。兔不至底，浮水而過。馬或至底，或不至底。象則盡底」。

宋人嚴羽《滄浪詩話》以禪論詩，旨在妙悟，唐人詩作空靈精妙，意在言外，不可湊泊，有如「羚羊掛角」、「香象渡河」。其他獸型軍持亦有蟾蜍、禽鳥等，東南亞諸國出產亦多，用以盛水，具繁殖、祈福之意。

左頁上圖
明代象形披鞍飾奔馬青花淨水壺
左頁下圖
明代象形披鞍開光馬匹淨水壺
右圖
明代象形披鞍飾波濤青花淨水壺

素三彩是一種多樣彩色鋪陳的瓷種，鑑賞素三彩先看彩釉啣接地色是否光滑，再看素色分配，如黃、綠、紫、赭黑等色調（palette），有謂素三彩非缺紅不可，並不一定，亦有謂綠為主色，也不一定。

東西方的
粉彩與素三彩

第7章 東西方的粉彩與素三彩

隨著明代發展下來的鬥彩、五彩，銅胎琺瑯，清代康熙琺瑯彩瓷大展異彩，彩瓷燒製到清三代已達極致，其中以釉上彩的粉彩（famille rose），以及素三彩（famille verte）在外貿瓷中秀色絕麗，傾倒西方。

粉彩創於康熙年間，在燒好的白瓷胎上一層不透明玻璃白作底色，用筆把各色琺瑯彩料描繪出濃淡得宜圖畫，再一次低溫燒成，其中以紅色系列艷麗迷人，白裡透紅，溫香軟玉，所以又稱「軟彩」。粉彩在雍正、乾隆二朝為主流瓷，官窯、民窯大量燒製。

素三彩始於明正德年間，以康熙一朝繼燒而大盛，素三彩最早見於清末寂園叟《陶雅》一書內稱：「西人以黃、茄、綠三色之瓷品為素三彩」，可見此瓷不但為西方人熟悉，更一度是外貿瓷的主要商品。

素三彩與五彩的製作相同，先將胚胎塗透明釉，按預定圖案紋飾

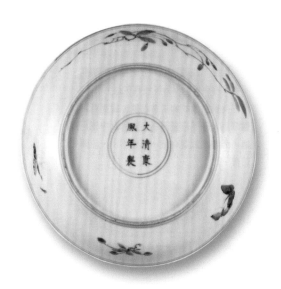

上、下圖　粉彩創於康熙年間，在燒好的白瓷胎上一層不透明玻璃白作底色，用筆把各色琺瑯彩料描繪出濃淡得宜圖畫，再一次低溫燒成，其中以紅色系列艷麗迷人，白裡透紅，溫香軟玉，所以又稱「軟彩」。
右頁圖　素三彩始於明正德年間，以康熙一朝繼燒而大盛。
第99頁圖　素三彩鏤空八方薰香爐，北京故宮。

上圖　素三彩軍持，荷蘭公主博物館。
右頁左上圖　素三彩是一種多樣彩色鋪陳的瓷種
右頁右上圖　鑑賞素三彩先看彩釉啣接地色是否光滑，再看素色分配，如黃、綠、紫、赭黑等色調（Hodroff collection）。
右頁下二圖　有謂素三彩非缺紅不可，並不一定。

103

用黑線描繪圖形，胎體乾燥後以高溫燒成無釉素瓷，再將作地色（即底色）的釉料澆在素胎上，待其乾燥，刮下花紋圖案中應施其他色彩部分的地釉，然後填上所需色彩，再一次低溫燒成。

素三彩是一種多樣彩色鋪陳的瓷種，鑑賞素三彩先看彩釉啣接地色是否光滑，再看素色分配，如黃、綠、紫、赭黑等色調（palette），有謂素三彩非缺紅不可，並不一定，亦有謂綠為主色，也不一定。

18世紀初德國麥森瓷器（Meissen）打破景德鎮的神秘配方後，法國的塞弗爾（Sevres），英國的切爾西（Chelsea Factory），波瓷廠（Bow Factory）已能利用雪白瓷胎燒出與中國匹配的粉彩瓷。到19世紀，中國彩瓷在外貿瓷生態產生微妙變化，它的競爭對手已不再是日本伊萬里或柿右衛門，而是後來居上的西方彩瓷。英國的斯波德瓷廠（Spode）早在骨瓷（bone china）生產奠下深厚基礎，麥森胚胎配方公開後，斯波德把大量動物骨灰滲入瓷土瓷石，更是得心應手，燒得又堅又薄。其他英國瓷廠像寇爾帕特（Coalport）、皇家道頓（Royal Doulton）、伍斯特（Worcester）、瑋緻活（Wedgwood）、考普蘭・斯波德（Copeland Spode）更乘勢而起。此外法國的利摩日（Limoges），德國的德勒斯登（Dresden），寧芬堡（Nymphenburg），羅森塔（Rosenthal）均不甘人後。

它們出產的粉彩大都追隨元老瓷廠麥森或塞弗爾設計風格，一方面保留中國外貿瓷傳統風貌，花卉彩蝶、園林山石，器具如茶壺盤碟，亦保有原來樣貌。另一方面大量開拓西方繪畫題材，希臘神話、水果鮮花、西方田園、揉合流行巴洛克、洛可可、中國風（麥森便有一完整系列的中國風粉彩繪瓷）的藝術風格，自成歐洲彩瓷系列。歐洲自文藝復興以降，寫實主義根基深厚，描繪神似，功力一點不遜於中國工筆官窯。

我們很早便從領頭羊麥森的東方風格系列看出，那是全部按照中國粉彩構圖仿繪，各式各樣，而且更青出於藍勝於藍，釉色穩定光鮮亮麗。如果把英國切爾西與波瓷廠的粉彩茶壺與餐碟與中國粉彩瓷比較，釉色構圖實在並無相異之處。

回頭再看素三彩，卻發覺用極小青花藍及西方題材做主題，難道素三彩的出現或製造，竟與西方粉彩瓷的崛起有關？難道粉紅家族（famille rose）在西方已能自供自給，景德鎮在高檔琺瑯瓷要另闢新綠，以綠色家族（famille verte）開展銷路？

2011年荷蘭四大博物館，包括阿姆斯特丹的國家博物館（Rijkmuseum），海牙的市政博物館（Municipal Museum），呂伐

上圖
麥森茶葉罐　1740
左頁圖
英國 delft 青花瓷鞋裝飾品

登（Leeuwarden）的公主博物館（Princessehof Museum）及格羅寧根（Groningen）的格羅寧哲博物館（Groninger Museum），聯合舉辦了四館分別的東方瓷展覽。據格羅寧哲博物館總裁曲斯特（Kees van Twist）稱，十年前四館早已共商大計，如何向國內及國際推展館藏東方陶瓷與研究，十年來有不斷的展覽與研討會，到了十年後的週年紀念，四館又個別安排每館一個特展，格羅寧哲安排的就是素三彩特展。特展的目錄特刊，也是全球第一本素三彩的學術專刊《素三彩：中國綠色琺瑯瓷》（*Famille Verte: Chinese Porcelain in Green Enamels*, 2011），由前館長中國陶瓷專家佐（Christaan J. A. Jorg）負責撰寫。

　　明萬曆已有綠琺瑯瓷輸出，但當時西方仍一直沉迷於青花及單色釉瓷，到了明末，兵戈四起，皇室官窯需求減少，景德鎮景氣又

受挫於明、清兩度海禁之餘，急起直追，帶動多色釉料（polychrome）瓷器，素三彩乘勢而起，亟欲開展日本及西方市場。荷蘭在貿易瓷海上航線占有戰略性位置，在印尼的殖民地巴達維亞是一個轉運站，啣接東、西兩方的貨運，中國船駛至巴達維亞把船貨卸下，停泊在港口的荷蘭船便可搬上與其他貨品直駛荷蘭。日本長崎海灣也有兩個貿易站，

德川幕府特別劃出以供荷蘭往來貿易，日本輸出有田瓷（arita wares），荷蘭輸入人文、科學、建築、醫藥書籍及儀器，後在日本成為顯學的「蘭學」。同樣，日本輸出的瓷器也以臺灣南部的熱蘭遮城（Zeelandia，臺南安平古堡）為轉運站，可惜只維持了一個短暫時期。

　　當時日本有田瓷的伊萬里（Imari）及柿右衛門（Kakiemon）所燒彩瓷已與中國無異，其餘不過添加金粉或和服人物而已，日本航線越方便，越與景德鎮瓷器競爭越劇烈，難怪在明、清交接的過渡期瓷器（transitional wares），也有景德鎮燒製出來的「中國伊萬里」（Chinese Imari）。

　　素三彩的崛起已成定數，但是它又如何出類拔萃於

眾彩群中？甚至不被模仿？什麼樣的圖案才能面面俱圓，既讓本土人民及東南亞僑民欣賞，又能同樣討好西方顧客？瓷器的圖畫是沒有聲音的故事，看的人懂得越多，故事越悠長，尤其是人們熟悉的歷史故事和民間傳

說，也就成為素三彩的瓷畫主題，譬如《三國演義》的「劉備甘露寺斷石」、《西廂記》的張生、鶯鶯與紅娘、民間日常起居等等。我們又一次從素三彩瓷器上看到，它的藝術欣賞潛力已經遠遠超過它的實用價值，當然一個插滿花團錦簇的素三彩大花瓶而言，那就更是兩者兼得，錦上添花了。

　　素三彩的製作，重疊著所謂明末清初的「過渡期瓷器」。1981年1月香港「敏求精舍」主席葉義醫師主持的香港陶瓷學會，在香港藝術館展出為期三個月的「明末清初瓷展」（Transitional wares and their Forerunners），由陶瓷專家祁路賓（Richard S. Kilburn）作序指出強調，所謂過渡期瓷器，是指1619年明萬曆皇帝去世後至1683年臧應選監督景德鎮窯廠時的瓷器。我們不知道祁路賓如何如此清楚肯定這些年份，但現今一般認可的過渡期，應指明末天啟、萬曆兩朝（1621-1644）到清初順治、康熙兩朝（1644-1722），其中並牽涉明末沿海倭亂實施海禁，以及清初鄭成功抗清控制福建廣東沿海市鎮，外銷瓷器一度拙劣不堪。但到康熙盛世，景德鎮重新輝煌，彩瓷的素三彩大花瓶遂扮演一個重要角色。

沒有青白釉，就沒有卵白釉燒成的樞府瓷，就沒有純白瓷胎釉下彩的青花瓷，更沒有明朝永樂「白如凝脂，素猶積雪」、「潔素瑩然，甚適於心」的甜白瓷。

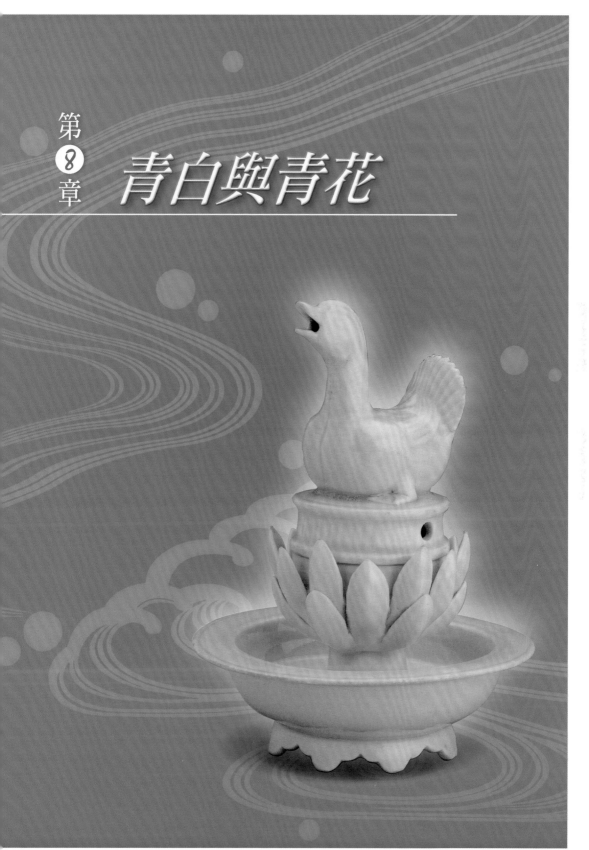

第 **8** 章　青白與青花

第8章 青白與青花

　　青白瓷在外貿瓷類的研究沒有太顯著位置，它不在宋代五大名窯之列，好像就不及定窯。西元 6 世紀隋、唐年間，南青北白，北方河南鞏縣白瓷、河北邢窯及定窯已能燒出半透明白瓷，但要在北方用含高矽量瓷石與瓷土來燒胚胎，還得要數南方江西景德鎮。現藏臺北中央研究院歷史語言研究所博物館一對青白唐代文官瓷俑，出土於河南殷墟上層唐墓群，瑩青繚白，釉色光亮呈半透明，隋唐北方已能燒出很好的青白瓷。

　　宋、元朝景德鎮燒製青白瓷廠便有一百三十多家，當然瓷廠大小，數不等於量，但能上百家燒製，可見需求之殷，渴用之切。北宋地域失諸遼金後，南宋偏居海隅，其經濟命脈求於海上絲路，又因銀兩短絀，甚至鼓勵以陶瓷、漆器代替銅錢金銀作為外貿貨幣，間接造成南方瓷業興旺的大氣候。北方河南、河北白瓷窯址既已失守，失之北隅，收之江西，景德鎮青白瓷在宋、元

兩代大放異彩，甚至帶動福建沿海如德化白瓷大放光芒，西方尊稱德化瓷以名號「中國白」（*Blanc de Chine*），不稱定而稱德化，可見白瓷在外貿瓷的地位。

青白瓷常被分入白瓷類，有淺碧如玉，若隱若現，亦被分入青瓷。柯玫瑰（Rose Kerr）在其《宋瓷》（*Song Dynasty Ceramics*, 2004）一書內提出把大型器物的破片比較後，青白之青，乃可能仿傚自汝窯淡藍造型（*It seems likely that Qingbai, with its soft bluish hues, might well have emulated shapes popular in Ru, another ware with subtle blue glazes. p.102-103*）。

1975年韓國新安海撈宋元年代的沉船，內有兩萬兩千件瓷器，多為龍泉青瓷，其中六千件為青白瓷，其中一隻青白碗有「上色白甌」四字，學術界普遍認為這條沉船是從慶元（寧波）出發，當時元朝與日本貿易主要通過慶元海路進行，龍泉、青白瓷為主要貿易貨物，也是通過寧波港外銷。朝廷在寧波設置市舶司，控制外來船舶商的貿易權，以增加國家財政收入。寧波在宋代叫明州，為三司（廣州、杭州、明州三個市舶司）之一的貿易大港。市舶的活躍促進了東亞貿易圈的興旺發達。

南宋中產階級興起，商人無國界，青白瓷不但海路銷往日本（據說新安

左、右頁圖　臺北中央研究院歷史語言研究所博物館一對青白唐代文官瓷俑。
前113頁圖　宋、元時代青白瓷能夠銷行全國，並非虛語，鴨型香爐。（the Art Institute of Chicago）

景德鎮青白瓷在宋元兩代大放異彩，甚至帶動福建沿海如德化白瓷大放光芒。德化白瓷聖母聖嬰像。

右頁上圖
由於沒有太多內廷需求，景德鎮民窯陶瓷工藝反而海闊天空，突飛猛進，成功燒造出元青花、釉裡紅。青白釉裡紅玉壺春。

右頁左下圖
青白之青，乃可能仿傚自汝窯淡藍造型。

右頁右下圖
淺碧如玉，若隱若現，亦被分入青瓷。

船貨原銷日本，途遇颱風沉沒新安）、韓國、東南亞及西方國家，還可在國內銷行全國。遼金時期北方瓷匠大量流失遷徙南方，又因戰亂頻仍，白瓷工藝衰落失傳，雖有磁州窯白底剔花、劃花創新燒製，但胎土不夠純白，常因鐵質過多而使胚胎灰褐或土黃，需塗加一層化妝土在地面，彩繪後再施透明釉，才使釉面白淨飽滿。如此一來，與景德鎮的胎白釉亮相比，不可同日而語。宋、元時代青白瓷能夠銷行全國，並非虛語。

　　元朝蒙古族草原游牧，馬上干戈，藍天白雲，對青白色特別喜愛，青白瓷一層碧玉淡綠，綠白相映，有如青山白雪，亦合蒙古人心意。至元十五年（1278），朝廷在景德鎮設立「浮梁瓷局」，隸屬諸路金玉人匠總管府，它不像明、清御窯廠專燒官窯，也沒有像清代長駐景德鎮的督陶官如康熙的郎廷極，雍正的年希堯，乾隆的兩朝督陶官唐英。蒙古人馬上得天下，內廷對官窯需求並不多，甚至「有命則供，否，則止」，浮梁瓷局不只為皇家燒製瓷器，還兼做皇家用品笠帽「漆造馬尾棕藤笠帽等事」，籌備笠帽的原料馬尾、棕、藤和漆。

由於沒有太多內廷需求，景德鎮民窯陶瓷
工藝反而海闊天空，突飛猛進，成功燒造出元青
花、釉裡紅、高溫銅紅釉（影響入康熙的郎紅）、
高溫鈷藍釉（影響入康熙的寶石藍）、卵白釉瓷等
新品種。青花與青白，有如兄弟，青白用的卵白
釉，燒出純白「樞府瓷」，是元代景德鎮創燒
的白釉瓷，承繼青白基礎，開創出一種新的
高溫白釉。元代無樞府，只有樞密院，掌
管軍事、邊防及宮廷禁衛，樞府瓷是供應
大內樞密院的白瓷器名稱，官府要求數
量不大，其他樞府瓷便大量在民間流
通，或輸往外地。劉新園先生在1980
年《文物》十一期發表了〈景德鎮湖
田窯考察紀要〉，證實湖田窯是元青
花、青白的主要窯址，在另一篇〈景
德鎮早期墓葬中發現的瓷器與珠山出土的
元、明官窯遺物〉（《皇帝瓷器：新見景德
鎮官窯》，日本大阪市立東洋陶瓷美術館編，1995）內更指出「我們曾
在這些工地上（指分布在市區的元代瓷器）都先後發現過青花、紅綠彩與樞

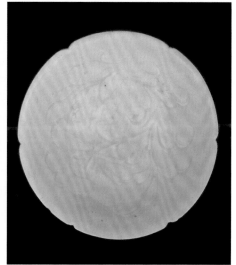

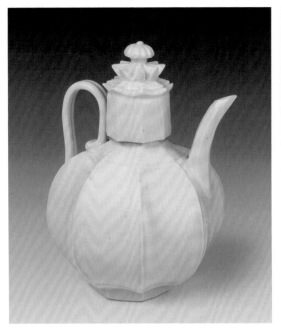

府類型的白瓷，只不過白瓷數量極大，青花瓷較少。」
可見早期青白產量之大，遠超青花。

　　沒有青白釉，就沒有卵白釉燒成的樞府瓷，就沒
有純白瓷胎釉下彩的青花瓷，更沒有明朝永樂「白如凝
脂，素猶積雪」、「潔素瑩然，甚適於心」的甜白瓷。

　　康蕊君在《如銀似雪——中國晚唐至元代白瓷賞
析》（*Bright as Silver, White as Snow——Chinese White
Ceramics from late Tang to Yuan Dynasty*, 1998）一書內
稱，「自元代始，景德鎮吸收了歷代陶瓷的精萃，發展
出在白胎上以鈷料繪畫紋飾的青花瓷。青花瓷的出現
後，所有其他品種的瓷器及各地名窯一律備受冷落。」
（*With the advent of blue-and-white all other Chinese kilns
were quickly forgotten. p.21*）。最後兩句，當屬修辭學的誇
飾（hyperbole），但可見青花面世，氣勢之盛。她提到
的「白胎」，就是青白發展下來卵白釉所燒成的樞府胚
胎。

　　元代青花瓷在西方被重視研究起因於1950年代，英

國學者霍布遜（R. L. Hobson）以戴維德基金會一雙青花象耳龍紋大瓶上有銘文「至正十一年」（1351年）的發現，成了斷代研究元代青花的標準指標，連接土耳其伊斯坦堡托卡皮皇宮博物館（Topkapi Palace Museum）三十九件元青花豐碩收藏，美國學者波普（John Alexander Pope）跟進，再連接向伊朗阿岱比爾神廟（Ardebil Shrine）的二十七件元青花藏器（現藏伊朗國家博物館，National Museum of Iran），引起西方學者們注意及興趣，以至正十一年作為元青花的巔峰時期（詳情請參閱

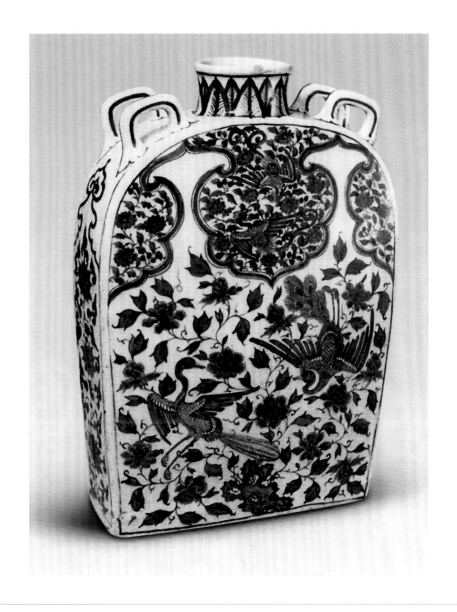

上圖　元青白佛像（上海博物館）
左頁圖　青白瓷一層碧玉淡綠，綠白相映，有如青山白雪，亦合蒙古人心意，元青白佛像。（Metropolitan Museum of Art）

拙著《風格定器物》一書代序〈元「至正型」青花瓷在西方的整理及實踐〉，臺北藝術家出版社，2012，第4-17頁）。

　　元青花在至正年或更早崛起行銷西方，應是景德鎮民窯與官窯併合發展的工藝成就，一方面青花燒製技術成熟，另一方面元朝疆土開闢，直達東歐。到了13世紀，元朝已成為亞洲大帝國，重新打開絲綢陸路，建立中亞各汗國，蒙古大軍三次西征，第一次攻陷撒馬爾罕（Samarkand），第二次遠征俄羅斯、波蘭、匈牙利，第三次攻入伊拉克、敍利亞，把貿易連接向阿拉伯國家及鄂圖曼帝國伊斯坦堡。至於至正大青花大盤為何在伊斯蘭國家流行，也許馬歡在《瀛涯勝覽》內「爪哇國」描述可解釋，「國人坐臥無床凳，吃食無匙筋，男婦以檳榔荖葉聚灰不絕口，欲吃飯時，先將水嗽出口中檳榔渣，就洗兩手乾淨，圍坐，用盤滿盛其飯，澆酥油湯汁，以手撮入口中而食。若渴則飲水，遇賓客往來無茶，止以檳榔待之。」又，「國人最喜中國青花磁器，并麝香、銷金紵絲、燒珠之類，則用銅錢買易。國王常差頭目以船只裝載方物進貢中國。」

　　明朝鄭和七下西洋，前後二十九年，可惜原始的航海紀錄早已遺失，幸好前後隨鄭和下西洋的馬歡、費信、鞏珍三人都將見聞紀錄著書，他們各自著的《瀛涯勝覽》、《星槎勝覽》、《西洋番國志》便成為研究鄭和以及明代中外交通歷史的第一手資料，其中以《瀛涯勝覽》對於15世紀初南洋各國和一些阿拉伯國家的國王、民俗、物產等紀載詳細，被各國學者公認為三書中最重要的一部書。

右頁圖　至正大青花大盤在伊斯蘭國家流行。元青花盤。（日本松岡美術館）
上圖　元青白觀音（Nelson Atkins Museum of Art）

隨著德國麥森硬瓷的出現，瓷偶種類層出不窮，法國、英國、義大利、匈牙利出產亦多，主題回復西方文化母體（matrix），更受西方群眾歡迎，不再需要向中國下訂單。

第9章 銷往西方的瓷像及用器

　　銷往西方的外貿瓷類，瓷像一項最是古怪離奇。中國二千年前漢代開始便有大量陶俑陪葬，無論是翩翩起舞的揚袖女俑，或是裂齜欲噬可愛的綠、褐色釉犬，都顯示出陶工超群雕塑手藝。到了唐三彩陪葬陶俑，無論鎮墓獸、文官武將、駿馬駱駝，都是神采飛揚，栩栩如生。

　　17世紀西方在外貿瓷餐具的中國訂單內，加上特製用器及瓷像，並且繪製圖型要求景德鎮工匠依法燒製，這些用器及瓷像可分為下面數大類：

　　（1）餐飲器──大型湯盤（tureen），湯蓋上面裝飾無奇不有，有大牛頭，有大鴨子，有大肥鵝，種類繁多，西方豐富的想像力，打破了中國傳統瓷像美學，景德鎮工匠只好依照訂單泡製。

　　西方人飲用白葡萄酒，喜冰凍（chilled）飲，酒杯亦先冰卻在一個多面凹口大碗（monteith），以待飲用，高足玻璃杯就分別放在大碗凹

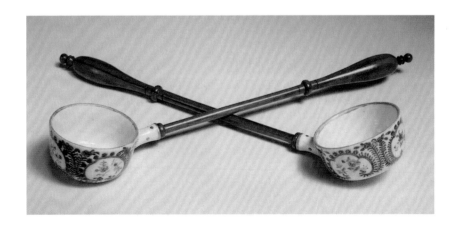

上圖　大型牛頭湯盤（tureen）
左頁圖　酒碗長柄杓
前125頁圖　海神，麥森瓷像

口，碗上再蓋冰塊。

　　進入18世紀雍正乾隆盛世，粉彩五彩盛行，西方訂製有大型雜果酒酒碗（punch bowl），利用碗壁寬敞空間刻意描繪東方景物及不同活動。

　　（2）裝飾瓷像（人物、動物、禽鳥）——因為繼承自歐洲16世紀的「中國風」及巴洛克風格影響，早期17世紀訂造人物瓷偶比較粗糙，也因巴洛克及洛可可風格的跨張離奇，這些瓷像有點光怪離奇，可愛之餘接近

滑稽怪誕（grotesque），但進入18世紀，無論中國人或西洋人瓷偶，都顯得莊重精緻，可惜已近尾聲。隨著德國麥森硬瓷的出現，瓷偶種類層出不窮，法國、英國、義大利、匈牙利出產亦多，主題回復西方文化母體（matrix），更受西方群眾歡迎，不再需要向中國下訂單。為了保護國家產業，英國更賦以150％的附加稅在進口瓷像，更是雪上加霜。動物禽鳥出口情況大同小異，早期偏好飛禽走獸，彩色斑斕鸚鵡陶像，成雙鸚鵡、成對白鶴、公雞、大水牛、犬隻，均屬外貿彩陶瓷，其中以犬隻神態最為出色，憨厚可愛。

（3）實用性瓷具——除了上述裝飾用器瓷像，也有一些實用外貿瓷，一種是男性刮鬍子用的承盤（shaving basin），盤中有一缺口，此缺口功用言人人殊，有人謂放在領下承接刮鬍的鬚渣及肥皂泡，有人謂盛水洗滌剃刀用。

另一種是坐浴盤（bidet），多燒作青花瓷，供婦女洗滌用，當初在法國流行，後通行於義大利、葡萄牙、西班牙等地。

左頁上圖
犬隻神態最為出色，憨厚可愛。
左頁左下圖
早期偏好飛禽走獸，彩色斑斕鸚鵡陶像，成雙鸚鵡。
左頁右下圖
大水牛
上圖
男性刮鬍承盤（shaving basin），盤中有一缺口。
右圖
坐浴盤（bidet），多燒作青花瓷，供婦女洗滌用。

「母系家族」的家產、房屋、瓷具、傳統服飾（sarong kebaya，女性服裝的紗籠配刺繡上衣）、飲食菜肴（cuisine），土生華人食物也是以娘惹或峇峇命名。

第 10 章

外貿娘惹瓷

第10章 外貿娘惹瓷

外貿瓷類中最讓人忽視或輕視的，是19世紀末、20世紀初銷往南洋一帶的娘惹瓷（Nonya wares），現今已被重估為別具風韻，饒有豐富文化內涵的中國外銷彩瓷。娘惹瓷紋飾偏重中國南方濃郁民俗風味，祈福納吉、彩鳳牡丹、花香鳥語、滿堂喜慶、福壽雙全。早期未為收藏家青睞，因與宋、明陶瓷傳統的淡雅高逸背道而馳，更兼清末民初淺絳、墨彩、廣彩承前啟後，帶動景德鎮粉彩山水花鳥抒情寫意主脈；娘惹瓷大多濃妝艷抹，格格不入中國瓷器傳統，並不相宜。

所謂娘惹瓷，必須明白娘惹與峇峇（Baba）在馬來民族的源流，以及移民與本土結合後獨特的歷史背景與語言，其龐大的「種族分岐對抗種族純化」（ethnic diversity versus ethnic purity）直可成為前殖民主義、殖民主義、後殖民主義豐富學術專題研究。

物質文化（material culture）本就是社會文化（social culture）的表徵（signifier），娘惹瓷亦不例外，它見證了東南亞一個外來華人民族與本土種族結合而成族群的興起與衰落，尤其在麻六甲、檳榔嶼、吉隆坡、新山及新加坡一帶。這種優質深富代表峇峇娘惹種族性的瓷器常為婚嫁、壽辰、節日喜慶而整套購置，所以被稱為「海峽華瓷」（Straits Chinese porcelain）或「土生華瓷」（Peranakan porcelain）。海峽含義，當是指英國統治馬來亞時的麻六甲海峽。

早年對娘惹瓷整理研究，大多為新加坡及馬來西亞專家學者的英文著作，圖文並茂，分別有新加坡大學何永萌（Ho Wing-Meng）教授的《海峽華瓷》（*Straits Chinese Porcelain: A Collector's Guide*, 1983, 2004）及紀明月（Kee Ming-yuet）女士的《土生華瓷》（*Peranakan Chinese*

Porcelain: Vibrant Festive Ware of the Straits Chinese, 2009）。另外，林蘇波
（Lim Suan Poh）曾與新加坡大學中國藝術史資深教授魏禮澤（William
Willets）利用展覽之便出版有《娘惹瓷及清代廚房》（*Nonya Ware
and Kitchen Ch'ing: Ceremonial and Domestic Pottery of the 19th and 20th
Centuries Commonly Found in Malaysia,* 1981），可惜出版太早，彩圖畫素
不高，黑白圖片太多，未臻至善。

　　了解娘惹瓷，必須了解南洋各地的峇峇娘惹文化，據考證，峇峇
娘惹是15世紀初期或甚至更早定居在滿剌加（麻六甲）、滿者伯夷國
（Majapahit，13世紀東爪哇一個印度教王國，位於今日印尼泗水西南，

1293年至1500年，曾統治馬來半島南部）、室利佛逝國（Sri Vijaya，即印尼蘇門答臘島，宋明稱三佛齊Samboja）、淡馬錫（Temasek，新加坡）一帶的中國明清移民後裔，在血統及文化上受到當地馬來人或其他非華人族群的影響，男性稱為峇峇，女性稱為娘惹。峇峇與娘惹大部分原籍中國福建或廣東潮汕地區，小部分是廣東各縣和客家籍，很多都與馬來人混血。峇峇文化具有濃厚中國傳統文化色彩，早年長達兩週的婚禮慶典內，娘惹瓷更是不可或缺的祭祀及宴客禮器。峇峇講的語言稱為峇峇馬來語，並非單純福建話，而是操著福建口音的巴剎馬來語（*Pasar Malay*，*pasar*是英語*bazaar*市集的變詞），在使用漢語語法同時，依地區不同，參雜馬來語與泰語詞彙的比例也隨之不同，成為峇峇土語（patois）。

畢業於牛津的英國籍學者約翰・克拉默（John R. Clammer）在其先驅著作《海峽華人社會》（*Straits Chinese Society*, 1980）內指出，書中所謂「海峽生長華人」（Straits born Chinese），是指來自中國或海峽生長的移民，在殖民時期馬來半島的麻六甲、檳榔嶼及新加坡定居，或自該地成長，仍保留大量中國傳統習俗宗教與語言，但並不等於另一類稱為「海峽華人」（Straits Chinese）的土生土長華人，或被稱為「土生華人」（Peranakan），或「峇峇」（Baba）。

換句話說，峇峇雖有華人血統，但已掙脫許多中國歸屬，譬如與唐山親屬密切來往，按時匯款回唐山老家之類，而且在職業選擇、飲食衣著都與擁有中國屬性的海峽生長華人不同。

峇峇因受英語教育，尤其在檳榔嶼一帶，多是殖民地政府的文職人員（civil service），早期不認是華人，而自認為「英籍民」（British subject），或自稱為「英皇華人」（King's Chinese），甚至在檳城有峇峇會所，不准華人進入。可惜事與願違，英國根本不認同他們是異於華人的另類種族，遂得不到「英籍民」的地位，1948年2月1日「馬來亞聯邦」（Federation of Malaya）協定生效，就不存在峇峇一族的地位，所有人民依照協定分成馬來人、華人、印度人及其他種族；宗教則以伊斯蘭為官方宗教，這就意味著仍然保留中國宗教信仰或基督教信仰的峇峇被歸類為華族，但事實上，娘惹與峇峇經過數世代的轉化融合，確

這「母系家族」的家產、房屋、瓷具、傳統服飾（sarong kebaya，女性服裝的紗籠配刺繡上衣）、飲食菜肴（cuisine），土生華人食物也是以娘惹或峇峇命名。

已不同於海峽華人，雖然現今族群日漸式微，但其建立起來的文化意義（cultural significance）卻不容忽視，娘惹外貿瓷正是峇峇娘惹文化的一個顯著標誌。

那麼為什麼叫娘惹瓷而不稱峇峇瓷？

林蘇波在其著作導言內指出了一個重要社會現象，就是娘惹家庭經常出現峇峇「入贅」（matrilocal，克拉默書中用uxorilocal一字）女家，其後裔也就自然屬於「母系家族」（matrilineal）。自從海峽殖民地（Straits Settlements）產生後，大英帝國於1826年至1946年間對麻六甲海峽周邊及鄰近地區各殖民地開始管理建制，最初由新加坡、檳城（檳榔嶼）和麻六甲三個重要英屬港口組成，被當時當地華人稱為三州府。這三地的峇峇接受先進的英語文化，融合本身馬華（華人及馬來人）傳統，成為某種同化後的知識分子階層，有異於一般第一代或第二代中國勞力「新客」移民，檳榔嶼所以成為馬來亞第一個現代先進城市，這批

上圖
娘惹瓷因多用作喜慶，所以底色（地）大紅大綠，紋飾主題，則包括有最受歡迎的牡丹鳳鳥、靈芝、荷花蓮蓬（連生貴子）……
左頁上圖
鑑別娘惹瓷可以先看器底落款，底款名號大都印有景德鎮工匠名字或店號。（作者自藏）
左頁下圖
例如景鎮許順昌造、詹福興造、江西周隆泰出品等等。

峇峇知識分子功不可沒。但同時因為18、19世紀中國移民男多女寡,產生陽盛陰衰的娘惹少子化,家境富裕的娘惹家庭,喜歡門當戶對,招郎入舍,以入贅方式把峇峇或優秀新移民招婿入門,成為家族一員,所生子女,尤其是女兒,亦甚少嫁出去。因此這「母系家族」的家產、房屋、瓷具、傳統服飾(*sarong kebaya*,女性服裝的紗籠配刺繡上衣)、

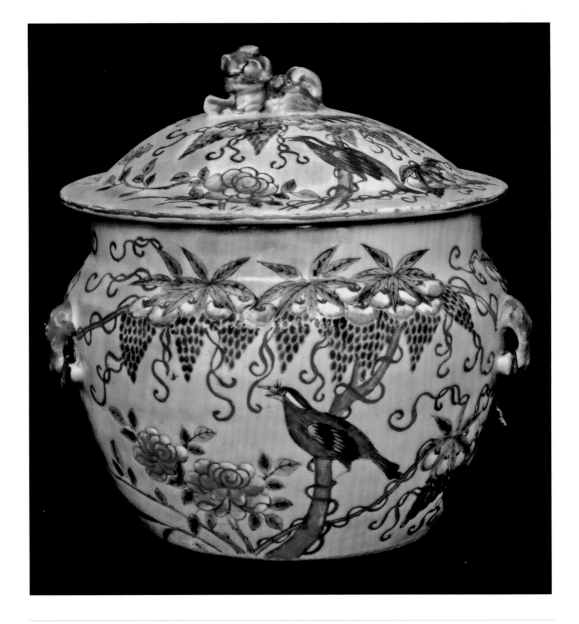

上圖
蓋盅(無環)亦是廣東福建一帶喜歡把燕窩糖水或熱騰騰飯菜一起放在碗內加蓋保溫的習俗。
左頁圖
娘惹瓷主力瓷器蓋罐，兩邊耳帶銅環的皿盅（kamcheng），也與中國南方蒸燉進補的湯水飲食有關。

飲食菜肴（cuisine，土生華人食物也是以娘惹或峇峇命名，如娘惹菜、娘惹薄餅、娘惹粽、娘惹糕等）均能完整保留，如此一來，這種強勢家族自中國訂購飄洋過海而來的外貿瓷當然就叫作娘惹瓷了。

以峇峇娘惹居住的麻六甲、檳城、新加坡三大地區看來，就有清末道光（1821-1850）到光緒年間（1875-1908）自景德鎮燒製的五彩或粉彩琺瑯彩瓷出口運售到南洋各地，尤其在同治（1862-1874）、光緒年間更是大批整套餐具（service）為娘惹家族訂購，有時高達千件，那些年代正是馬來亞農業興旺時期，華人家族安康富庶，後來橡膠業發達更不在話下。

但是曾何幾時，峇峇文化開始衰落於1920到1940年的二十年，馬來亞市場經濟隨著第一次世界大戰衰退於1920到1930年，跟著第二次世界大戰的1940年，日本入侵東南亞，占領當時的馬來半島，把峇峇在地的

豐富財產資源摧毀罄盡，及至戰後馬來亞由海峽殖民地進入馬來亞聯邦獨立，峇峇隨即完全失去他們的種族立足點。

此外，除了英國抗拒峇峇種族觀念、馬來亞聯邦協定種族定義，峇峇最大挑戰還是自我萎縮，年輕峇峇走出家門朝向現代社會，並與異族通婚，20世紀馬來西亞華人新移民朝氣勃勃，帶動全球性的工商管理經驗，麻六甲頓然老去如一座歷史博物館，成為峇峇娘惹陳跡的城市，但塞翁失馬，娘惹瓷也水漲船高，開始備受收藏家青睞。

鑑別娘惹瓷可以先看器底落款，清末民初已無康、雍、乾三代盛世光彩，所以底款名號大都印有景德鎮工匠名字或店號，例如景鎮許順昌造、詹福興造、江西周隆泰出品等等。這種早期娘惹瓷紅印底款差不多保證了19世紀左右景德鎮的產品，但狡兔三窟，閩粵也不見得不可加印同樣店號紅印，同樣，也有很多沒有店號下款的娘惹瓷器。

娘惹瓷因多用作喜慶，所以底色（地）大紅大綠，可分玫瑰紅、翠綠、雪白、鵝黃、珊瑚紅、湛藍、朱褐等七種主色。紋飾主題（motif）則包括有最受歡迎的牡丹鳳鳥、各種吉祥鳥類如仙鶴、喜鵲、開屏孔雀、營巢雙飛燕、善唱畫眉、鴛鴦成雙。還有瑞獸與吉祥物的蝙蝠（福至）、蟠桃、靈芝、荷花蓮蓬（連生貴子）……。

除了特出的文化歷史內涵，娘惹瓷要成為一種獨立瓷種並不容易，

右圖
蓋盅內藏小杯，作溫酒用。
右頁圖
一套連蓋三件

它的特徵，多以紅、綠為主色，與廣彩瓷描繪風格極為相像；就連娘惹瓷主力瓷器，蓋罐兩邊耳帶銅環的㽃盅（*kamcheng*），也與中國南方蒸燉進補的湯水飲食有關。同樣，蓋盅（*himcheng*或*katmau*，無環）亦是廣東、福建一帶，喜歡把燕窩糖水或熱騰騰飯菜一起放在碗內加蓋保溫的習俗。上面這兩種有蓋瓷器工藝精準，尤其蓋與罐的接口處，恰到好處，天衣無縫。

在娘惹瓷功能分類方面，大致可分廚房與飲食餐具兩大類。除了杯盤碗碟外，還有顯著飲茶的茶壺、茶壺盤與小茶杯，碗碟地色各自不同，但多以鳳鳥牡丹做主題，湯匙亦如此，配搭碗碟，以有紅印底款最佳。㽃盅及蓋盅除造型相似，百花不露白，各有千秋，另有蓋盅內藏小杯，作溫酒用，一套連蓋三件。裝糖果的瓜子盒，精巧玲瓏。成雙花瓶，喜氣洋洋。香爐也是紅綠相襯，鳳凰吉祥。大件器皿則有圓形四層彩瓷提盒（*tengkat*），可以分別盛放飯菜在四個不同瓷盒格內，有些更有耳孔銅環牽勾，一併攜帶。其他尚有高腳痰盂，因是彩瓷，更增高貴，坐墩亦是，五顏六色，高貴大方。娘惹青花瓷亦能登大雅之堂，尤以白菜、甜豆花紋飾的青花盤碗㽃盅配套最是出色。

娘惹瓷屬五彩瓷或粉彩瓷，這種釉上彩瓷，在製作過程有兩個階段，先燒好白釉素胎，在上面用琺瑯彩繪紋飾，再另燒一次或多次而

圓形四層彩瓷提盒，可以分別盛放飯菜在四個不同瓷盒格內

成。娘惹瓷常被學者強調為景德鎮瓷，因其胎質蘊含高嶺土與瓷石，燒出「薄如紙，聲如磬」的瓷器。然而景德鎮至今仍未出土發現任何娘惹瓷破片，而令專家納悶。其實道理在於五彩製作的兩個階段，先在景德鎮燒好素胎，再引申清代「官搭民燒」的措施，但這次是「民搭民燒」，把景德鎮素胎整批運去閩粵一帶窯場，加工琺瑯繪描再燒，器成後，就地出口南洋，景德鎮自然找不到半片娘惹瓷破片。

專家又謂，就連沉船海撈，亦無娘惹瓷。答案亦甚簡單，當年無論西班牙、葡萄牙、英國或荷蘭等海上霸權向中國明、清時期訂製的貿易瓷，首推青花，其次為描金鬥彩、伊萬里或抵步後再鍍描金邊，加繪小花卉、族徽或姓氏英文字母簡寫等燒製的白瓷。此類外貿瓷，亦以德化、景德鎮製作居多，斷無訂製此類後期在閩粵燒製有如廣彩傳統全器滿釉（fully enameled）的娘惹瓷。

沉船海撈面世的早期唐宋明清沉船，亦多以印尼爪哇島的耶加達（即早期荷屬「巴達維亞」）為轉口站，終點多在里斯本、倫敦或阿姆斯特丹。每年利用貿易風行駛的風帆船隻，風險特大，長期旅途風、火兩災及海底礁岩，猝不及防，因而南中國海運載瓷器沉船特多。後期汽輪行駛，科技發達，較為安全。就算風帆大船，麻六甲一帶屬短程，載貨量少，沒有輸往歐洲一帶的瓷器船貨，動輒以十數萬以上計算，自然難以發現海撈娘惹瓷。

如此一來，除了石灣、德化等名窯，廣東、福建兩省附近如潮汕、泉漳一帶加工小型窯場發掘出娘惹瓷或破片，並非不無可能。

現今的麻六甲，除了西方國家殖民陳跡、老街運河、海南雞飯，也可品嚐揉合馬來本地與閩粵一帶風味的娘惹菜，參觀峇峇屋，屋內展覽著花團錦簇的娘惹瓷、螺鈿酸枝家具、英國瓷地磚、義大利七彩玻璃窗花、透雕通花屏風或窗楹、雲石圓餐桌及花梨木坐椅、曲折有致走廊。還有謐靜光亮天井，一絲陽光透入，讓人仰首沐浴在閩粵大戶人家及晚清中國風（Chinoiserie）的回憶。

附記：此章及第十一章完稿後，曾給李有成兄訂正有關文內馬來西亞特殊詞彙問題，謹此致謝。

日本茶道美學深受中國禪宗影響，茶禪一味，和敬清寂，樸散為器，反璞歸真，強調的不是完美，而是殘缺，但並不抱殘守缺，卻與完整美好共存。

東南亞與
過渡時期外貿瓷

第11章　東南亞與過渡期外貿瓷

上一章（第十章）論娘惹瓷，曾提到林蘇波與魏禮澤利用展覽之便出版《娘惹瓷及清代廚房》一書，所謂展覽之便，是指1981年9月由東南亞陶瓷學會（Southeast Asian Ceramic Society）的西馬來西亞分會（West Malaysia Chapter）在吉隆坡馬來亞大學亞洲藝術博物館舉辦的娘惹瓷器展覽。西馬分會主席敦穆罕默德沙菲恩（Tun Mohamed Suffian）在〈前言〉內指出，新加坡東南亞陶瓷學會成立於1969年（新加坡於1965年獨立建國），當時只有寥寥二十餘人，當時建會宗旨是「拓展對中國及其鄰近國家瓷器的鑑賞與知識」（*to widen appreciation and acquire knowledge of the ceramic art of China and countries adjacent to China*），中國在東南亞鄰近國家當是指越南、泰國、柬埔寨等地，但馬來西亞與新加坡的娘惹瓷卻是獨具一格，饒富東南亞文化種族色彩。

沙菲恩〈前言〉撰寫自1981年，當時還很謙虛地說，這些展品有些不是精品，也許幾十元（當然是令吉）就可買到，廚房裡的一些青花瓷器具，更是馬來半島人家廚房常見，至於近年麻六甲、檳城、新加坡等地，娘惹

彩瓷價格卻上漲不小。但這位馬來貴族怎樣也未想到三十多年後，高檔娘惹瓷是怎樣的一個價格？

早期東南亞國家的收藏家或是對陶瓷有濃厚興趣人士，常以大型或小型雅集聚會或展覽方式，利用有保全設備的大學或地方博物館展出器物，以供同好。這種方式有兩大優點：

第一，展示出華人文化面貌與根源，不止同好互相借鑒，同時也啟發入門者的知識與興趣。

第二，因為是民間收藏，不是博物館收藏精品，瓷器大都是民窯，展示出不同於官窯的野趣風貌，同時也顯示這些瓷器是以外貿瓷方式進入東南亞。

當然亦有收藏家零碎直接購自中國古董商或東南亞沿海漁民，但以鑑賞角度來看，展品的實力大都展現明、清瓷器及當時的文化歷史內涵。

這種雅集展覽，新加坡東南亞陶瓷學會推廣功不可沒，雖然在1969年創會，但1971年即舉辦第一次「東南亞瓷藝展」（Ceramic Art of Southeast Asia），1973年第二次「中國白瓷」（Chinese White Wares），到了1978年4月與新加坡國家博物館合展「中國青花瓷」（Chinese Blue & White Ceramics），展品已經增至四百多件，因為展出成功，翌年1979年6月，亦在新加坡國家博物館展出「中國青瓷與東南亞相關瓷器」（Chinese Celadons and Other Related Wares in Southeast Asia），已體會到青瓷僅在大馬與新加坡的局限，而需要顧及外貿青瓷在日、韓、泰國、越南的相關重要性。那時東南亞陶瓷學會會員已近三百餘人，除了西來馬西亞分會外，海外會員已拓展入美加、大英聯合王國、西德、澳洲、紐西蘭、日本、泰國、印尼、菲律賓等地。

以上提及的新加坡東南亞陶瓷學會展覽，都不遺餘力印製目錄（catalogue）說明，更難得可貴的是這些目錄都分別出版大冊精裝本，除了展品圖片，均附有學者英文論文，詳細敘說這些展品的文化歷史背景，正如前面所說，多少顯示出外貿瓷在東南亞的位置，最出色當然是《娘惹瓷及清代廚房》一書。

《中國青花瓷》目錄一書，展品實力多顯示在明、清外貿瓷器

上圖　飾盒有不同形狀，銀錠形、桃形、半月形、橢圓形。
右頁左上圖　明成化金剛杵青花小盤（作者自藏）
右頁右上圖　明成化金剛杵青花小盤
右頁左下圖　明天啟金錢金剛杵玉璧底碗（作者自藏）
右頁右下圖　明天啟金錢金剛杵玉璧底碗（作者自藏）

方面，譬如明末青花纏枝番蓮、纏枝菊花、折枝番蓮玉壺春，折枝菊
花、纏枝石竹石榴形小罐，均能顯出明末天啟年間獨特的樸拙風貌。
青花八寶葡萄大盤以寫意手法畫出中心圖案的葡萄樹及象徵纏籐絲主
題，外緣以佛教八寶交插花果飾邊，題材想像豐富，高雅超群。

　　此外，明代青花小飾盒及文房用具的筆盒展出，都能顯示出華
人的文化生活，飾盒有不同形狀，銀錠形、桃形、半月形、橢圓形。
青花瓷碗的圖案如騎馬人、藏傳佛教金剛杵碗造型及璧環碗底，都是
鑑別晚明民眾青花瓷碗不可或缺的風格（可惜展出未見蜂巢金錢青花
碗）。

　　清三代康、雍、乾文事武功鼎盛，青花瓷更見純淨秀美，除了玉
壺春外，葫蘆酒壺更是別具創意，紋銀鑲嘴亦帶伊斯蘭風味，可能是
在東南亞本地增鑲作保護。清末民初改用「坡塘青」鈷料後的青花瓜
子盒，亦能顯示明代青花採用西域「蘇麻離青」鈷料的差別。

這些在馬來西亞或新加坡的民窯青花瓷，與博物館的明、清青花瓷器相比，似乎技遜一籌，但如從歷史觀點來看，明代青花瓷的成就固然承前啟後，大放異彩，然自外銷而言，朱元璋建國洪武之治，繼而永樂盛世，卻是內憂外患不絕，沿海擁有漁鹽利益的張士誠、方國珍等海賊集團，以及日本倭寇（真假倭）不斷擾亂海防，遂不得不實施海禁，雖謂人民「片板不得入海」，但時弛時嚴，對外海洋貿易影響至大（鄭和下西洋是例外），景德鎮產品及產量一直處於不穩定狀態。迨至1567年隆慶開禁，已屆16世紀明末時期，雖有戚繼光、俞大猷等名將盡數驅滅閩浙沿海倭亂，然明朝氣勢頹弱不振，到了萬曆，虛有其表，1608年甚至全部關閉官窯，景德鎮及泉、漳兩州窯民不得不轉求出路。海禁期間，琉球是大明藩屬國，就利用海禁關係獨占與

上圖
明天啟降魔杵金
錢青花碗一雙
（作者自藏）
下圖
明天啟降魔杵金
錢青花碗一雙
（作者自藏）
右頁圖
青花瓷碗的圖案
如騎馬人，都是
鑑別晚明民窯青
花瓷碗不可或缺
的風格。（作者
自藏）

中國貿易契機，而獲取大量利益，大部分外貿民窯，由寧波出口，經琉球等地入福岡，進入日本。

　　海禁解除後，日本陡然成為景德鎮民窯青花與五彩瓷就近的訂購顧客。其原因有二，一是前述的官窯關閉，窯廠失去皇家訂單保障，必須另尋客路，日本訂單及時而來，簡單易燒。二是時處日本江戶時代，茶道所需器具繁多。青花瓷日本稱「古染付」，五彩稱「古赤繪」，同時誘發日本伊萬里、柿右衛門青花、五彩、粉彩瓷器大量外銷歐洲以補西方需求。

　　2006年，美國紐約「華美協進學社」（China Institute）附屬藝廊（China Institute Gallery）舉辦了一個「貿易品味與變換：1620至1645年

銷往日本的景德鎮瓷器」展覽，展品來自舊金山亞洲藝術博物館（Asian Art Museum）及英國明清瓷器大收藏家巴特勒爵士（Michael Butler），以及其後人的私人收藏。

　　1620至1645的二十五年，正是明末天啟、崇禎兩朝的年分，到1644年清兵入關，明亡清興。在陶瓷史上，由明入清康熙這段期間（1620-1683年）的「過渡期瓷器」（transitional wares），極受專家們注意，因此這項展覽除在紐約展出外，還在夏威夷「檀香山藝術學院」（Honolulu Academy of Arts）再展一次。曾任這藝術學院院長（現任洛杉磯郡博物館亞洲藝術部門主任）的史提芬·利特爾（Stephen Little）就是中、日過渡期瓷器專家，他一直憤憤不平日本除外的其他專家對過渡期瓷器的忽視，並追述1981年在臺北故宮博物院見到蔣復璁院長時，蔣院長詢及他作哪方面藝術研究，他回答除了吳門仇英畫作外，還專注日本過渡期古染付及「祥瑞」瓷（日人讀作Shonzui）如意吉祥的意旨研究。但當他正興高采烈描述天啟年間外銷入東瀛青花瓷那種不對稱的奇形怪狀、天馬行空而又渾然天成的風格時，蔣院長就那麼瞄他一眼，

上圖　清三代康、雍、乾文事武功鼎盛，青花瓷更見純淨秀美，葫蘆酒壺更是別具創意，紋銀鑲嘴亦帶伊斯蘭風味，可能是在東南亞本地增鑲作保護。

右頁圖　一雙青花兩人相撲小圓碟，亦帶江戶風味遊戲人生，兩人不知是相撲？相鬥？還是相舞？

說：「不要浪費時間了（原文：Don't waste your time），那些都是日本人燒的。」他只好立即改變話題，大談故宮最引以為傲的國畫收藏，並且私下自我解嘲，也許明末天啟年間這些青花瓷均為直銷日本的外貿瓷，中國專家如蔣院長等人根本從未有機會觀看過。也許他知道故宮原是清宮舊藏，但不知道故宮對外貿民窯興趣不大，只有近年沉船打撈，出現不少大航海時代的外貿瓷而稍加垂顧而已。

利特爾與蔣復璁的對話，顯示出中、日瓷器的美學及文化異同，中國泱泱大國，以獨到景德鎮陶瓷成就，建立美學風格，入宋後，五大名窯——汝、官、鈞、哥、定，清幽逸雅，創作嚴謹。青花入明清，對稱均衡，山水花卉人物，追循古典描繪，寫實抽象兼具，容或偶有妙趣，有違規範，小瑕不掩大雅。

但是日本茶道美學深受中國禪宗影響，茶禪一味，和敬清寂，大破大立，直指人心，樸散為器，反璞歸真，強調的不是完美（perfection），而是殘缺（imperfection），但並不抱殘守缺，卻與完整

美好共存。所以生命是一種流動美學，有圓有缺，有始有終，而器物，就是表達這流動過程中的位置，往往這美學位置停佇在「物哀」（物の哀れ）的觀念。按照解釋，物哀本來是平安時代重要文學審美觀念，通過一些景物描述，例如蕭條冬景、殘破山丘，來表達宣洩人物內心深處的哀傷幽情，以及對人世無常的感慨。江戶時代《源氏物語》學者本居宣長在《日本物哀》一書內說，「世上萬事萬物，形形色色，不論是目之所及，抑或耳之所聞，抑或身之所觸，都收納於心，加以體味，加以理解，這就是感知『事之心』、感知『物之心』」。

另一茶道美學「侘寂」觀念更直接影響16世紀景德鎮外銷日本的貿易瓷，侘寂是一種以接受短暫和不完美為核心的美學。侘寂的美有時被描述為「不完美的，無常的，不完整的」。它是從佛教三法印概念，即是「諸行無常、諸法無我、涅槃寂靜」，特別是無常。因此侘寂的精神特徵包括不對稱、拙樸、不規則、簡單直接，展現出人在自然中不完整的完整性。因此侘寂接受生命是複雜的，但崇尚簡單，承認三個簡單現實：沒有什麼能長存，沒有什麼是完成，沒有什麼是完美。如果能夠接受這三個現實，就能接受滿足成熟的快樂。

為了迎合日本客戶興趣（尤其是上面茶道審美觀念），景德鎮瓷工

分別創新設計出一系列簡陋樸拙的茶道器具風格，包括茶壺水罐、炭罐香爐、花瓶碗碟……，青花瓷內人與動物的描繪也趨向抽象化。這些過渡期瓷器全部出口到日本，並為日本人收藏，在中國未為人知亦無收藏，怪不得蔣復璁叫利特爾不要浪費時間。

華美協進學社這項展覽亦出有精裝目錄，同樣叫做《貿易品味與變換：1620至1645年銷往日本的景德鎮瓷器》（*Trade Taste & Transformation: Jingdezhen Porcelain for Japan, 1620-1645*），目錄共分五大部分：專為日本市場製作的茶道使用器具，具有獨特日本品味的紋飾圖案設計，其他三部分包括受到中國瓷風圖案影響的設計，中國文人士大夫在傳統文化的形象，包括山水與隱逸題材，最後一部分是佛、道教題材，也包括「非傳統式」的佛教羅漢或道教散仙等形象。

展出器物集中在青花瓷與五彩瓷，造型及題材構思均有新意，譬如用在茶道的青花水族紋飾提梁水罐，以瓷器水桶加蓋造型取代木質水桶，密封瓷蓋可保護淨水清潔，用作煮茶或洗碗用。一雙青花兩人相撲小圓碟，亦帶江戶風味遊戲人生，兩人不知是相撲？相鬥？還是相舞？青花富士山形茶盤據說造型來自織部流器皿（千利休弟子吉田織部的茶道流），以盤作山狀象徵富士山，湛藍釉料繪出奔馬麋鹿於

左上圖
青花富士山形茶盤據說造型來自織部流器皿（千利休弟子吉田織部的茶道流），以盤作山狀象徵富士山，湛藍釉料繪出奔馬麋鹿於群山中，並有銘文「木石與居，鹿馬與遊」八字，描述山林之趣。
左下圖
另一只匏瓜形青花茶盤分別描繪雲龍及猴子桃樹，並有銘文八字「飛龍在天，化猿於桃」，目錄說明文字強行附會猿桃是指《西遊記》齊天大聖孫悟空偷吃王母蟠桃，而把飛龍在天當作東海龍王敖廣。

右頁左圖
青花騎象圓盤令人欣賞到所謂樸拙之美，主題一人騎象，象屈臥，人一足爬上，象仰首，雙牙如彎刀，象鼻捲起大朵蓮花朝天禮拜，亦似遮蔭，燒工劣拙
右頁右圖
青花五彩菊蜂圓盤創意新穎，下有銘文「須知九日始芳榮」，當是指9月9日重陽佳節。

群山中，並有銘文「木石與居，鹿馬與遊」八字，描述山林之趣。另一只匏瓜形青花茶盤分別描繪雲龍及猴子、桃樹，並有銘文八字「飛龍在天，化猿於桃」，目錄說明文字強行附會猿桃是指《西遊記》齊天大聖孫悟空偷吃王母蟠桃，而把飛龍在天當作東海龍王敖廣。看來此目錄編者未看過金庸《射雕英雄傳》內的「降龍十八掌」，更未讀到《易經》乾卦內的「九五，飛龍在天，利見大人。」

另一只青花騎象圓盤令人欣賞到所謂樸拙之美，主題一人騎象，象屈臥，人一足爬上，象仰首，雙牙如彎刀，象鼻捲起大朵蓮花朝天禮拜，亦似遮蔭，燒工劣拙，小氣泡冷凝爆裂，盤面散布不少小黑點（pinholes），然而藍白相映，名符其實青花（blue and white）。

五彩六角花口盤則已進入克拉克風格，紅蓮池塘，祥鶴（或鷺鷥）飛雁為主圖，繞以六水族開光，分別為魚、蝦、蟹、鱉、蛙、螺。顏色艷麗，饒富江戶彩絹和服風味，讓人眼前一亮。另一只青花五彩菊蜂圓盤創意新穎，不是浪蝶，而是一隻與菊花同樣大小的狂蜂，下有銘文「須知九日始芳榮」，當是指9月9日重陽佳節，菊花盛開，可惜青花釉料及火候欠佳，藍釉盡蓋菊花，模糊不清，也許就是日本茶禪所稱頌的殘缺吧。

越南青花軍持，其青花靛、粉藍或淺或深，與中東一些青花瓷器釉色相近。

第
⑫
章

新加坡、菲律賓、
越南、泰國外貿瓷

第12章　新加坡、菲律賓、越南、泰國外貿瓷

　　1979年新加坡國家博物館展出「中國青瓷與東南亞相關瓷器」，除了注意到東南亞其他國家外，還特別把青瓷當作瓷器種類，借重當年新加坡南洋大學的收藏，把青瓷從魏晉南北朝的青釉雞頭壺、青黃釉雙繫、四繫罐開始，直落宋、元、明、清的龍泉窯，展出極為出色的青瓷傳統。

　　隋唐開始已經「南青北白」，分出浙江越窯系統與河北生產的白瓷，其實南北只是一個概括名稱，隋朝瓷器更以青瓷居多，即使到了唐代，也是河南一帶窯場最為密集，但青瓷只集中在江浙南方越窯，未見白瓷出土，反而北方白瓷窯址卻散布在河北、河南、山西、陝西一帶。但陝西銅川市仍出產有耀州青瓷，由唐至宋，盛極不衰，所以亦有謂「南有龍泉瓷，北有耀州瓷」。這種現象，就像南方福建出產的德化白瓷，不能一言以蔽之，南青北白。

　　唐代青、白瓷胚胎堅薄質密，叩出有金石之聲，可以充作樂器。唐代阿拉伯商人蘇來曼在《東遊記》中稱：「中國人能用陶土做成用品，裡面裝了酒，從外面能看到」，這就是邢窯生產的透影白瓷。唐人段安節在《樂府雜錄》一書廣泛涉及唐代開元以後音樂、歌舞、雜技、樂器等問題的考證，內載：「武宗朝，郭道源後為鳳翔府天興縣丞，充太常寺調音律官，善甌，率以邢甌、越甌共十二只，旋加減水於其中，以筯擊之，其音妙於方響也。咸通中，有吳繽洞曉音律，亦為鼓吹置丞，充調音律官，善於擊甌。」就是說唐朝武宗及懿宗年間，分別有郭道源、

上圖‧ 1979年新加坡國家博物館展出「中國青瓷與東南亞相關瓷器」，除了注意到東南亞其他國家外，還特別把青瓷當作瓷器種類，借重當年新加坡南洋大學收藏魏晉南北朝的青釉雞頭壺。

前161頁圖　越南青花軍持，其青花靛、粉藍或淺或深，與中東一些青花瓷器釉色相近。（作者自藏）

　　吳繽洞兩個官廷樂師，能夠以碗（甌）及筷（筯）擊奏音樂，郭道源能把越碗六只，邢碗六只加在一起，共十二只，排列起來，注上清水，用筷子敲奏音樂，其音色猶勝方響。「方響」是中國傳統敲擊樂器，用鐵或銅等製成，上下八片一共十六片，因其音片呈長方形而得名。從唐到清，方響一直用於宮廷禮樂。清代演奏凱歌樂時，儀仗隊員騎在馬上每人手執一片方響片，各自用一根小槌敲打。唐朝樂師用越邢大碗作樂，「其音妙於方響」，可見此兩大青、白窯種，在唐代被重視與流行的程度。

據調查，唐代窯址分佈仍以燒製青瓷居多，高達七成以上，其一原因與品茶有關，陸羽《茶經》一直以越州青瓷碗為上品：「碗，越州為上。其瓷類玉、類冰」，越州為當今紹興，眾趨以越窯青瓷為茶具，供應遂多。陸羽又說：「邢瓷類銀，越瓷類玉；邢瓷類雪，越瓷類冰；邢瓷白而茶色丹，越瓷青而茶色綠。」

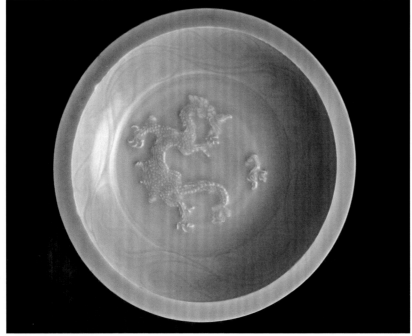

上圖
小盤游魚嬉戲，
成雙成對。
下圖
宋代龍泉瓷，大
盤魚龍曼衍，似
幻猶真。
右頁圖
堆線荷葉蓋罐

那次新加坡展覽青瓷（Celadon）百分之八十以龍泉窯代表，參展除了南洋大學、新加坡大學、馬來亞大學借出藏品外，其他均為會員提供，多少反映出外銷南洋的瓷器種類。其中宋代龍泉瓷，大盤魚龍曼衍，似幻猶真，小盤游魚嬉戲，成雙成對。三足鬲式香爐、瓜楞茶壺、堆線荷葉蓋罐，各有千秋。因為展覽早在1979年間，圖片不甚清晰，一些叫「橄欖綠」（olive green）的青瓷，甚似耀州，卻歸類龍泉，或是當時尚未流行稱作耀州？或是見證了大航海時代龍泉外銷歐洲盛極一時，法人搶購，更以舞台劇身穿綠衣牧羊童名字Celadon稱呼龍泉青瓷？龍泉外銷東南亞各國，流傳廣泛，其中不乏精品，展覽內一尊明代龍泉觀音塑像，瓔珞蔽體，挺右足趺坐，法相莊嚴不掩慈悲。

白的傳統，君子之德，清白如玉石。1991年菲律賓東方陶瓷學會（The Oriental Ceramic Society of the Philippines）展出「發現在菲律賓的中國及東南亞青瓷」後，1993年繼續在國家博物館展出「發現在菲律賓的中國及東南亞白瓷」（Chinese and Southeast Asian White Ware Found in the Philippines），集中於中國及東南亞國家出產的白瓷在菲律賓群島（archipelago）出土與收藏，可圈可點。「鎮展之寶」為一只邢窯小罐，晶瑩潔白，應屬佳品。唐代白瓷始於邢窯，以大盈庫及翰林院的邢白最佳。

但除了這只邢瓷白罐，出人意料，目錄出現的所有其他展品均屬青白瓷，亦無定窯或德化，不知何故？或是展覽現場尚有其他白瓷？

　　展覽的青白瓷大部分來自景德鎮燒製，工高藝熟，創意新穎，
形狀變異，瓜楞壺與其他茶、水壺各有表述，軍持或飲水軍持別出
匠心，伏犬軍持形狀奇特，令人喜愛。菲律賓因早年為西班牙殖
民而成為天主教國家，然華僑社會仍多信仰佛教，青白佛像白中透
青，有如大雪初霽，陽光普照，透光見影，帶一抹青，清白無垢。

20世紀80年代西方考古及藝術史學者已注意到，中國外貿瓷在東南亞顯著的歷史位置與藝術。在英國V&A博物館工作已有二十二年後轉入美國大都會美術博物館亞洲藝術部門的蓋約翰（John S. Guy），一直從南亞印度文物研究追蹤入東南亞陶瓷，他強調：「我要把現存之物，重新接回它被遺忘的歷史。」（*I try to reconnect an object with its forgotten history*）他的先驅著作《9到16世紀東南亞東方外銷陶瓷》（*Oriental Trade Ceramics in South-East Asia, Ninth to Sixteenth Centuries*, 1986, 1990增訂版），把9到16世紀東南亞外貿瓷作一完整的歷史處理。也就是說，蓋約翰根據一項1980年在澳洲墨爾本維多利亞國家藝廊的東南亞外貿瓷展覽（由澳洲收藏家借出）及目錄，書寫一塊從隋唐到明清，異於中國與西方貿易瓷活動的地域（territory），成為中國外貿瓷種類的另一個分類（sub-genre），稱為「東南亞外貿瓷」。

本書第三章曾開宗明義稱謂西方「外貿瓷三百年概括從西元16世紀到19世紀，也就在中國由明到清這三百年，瓷貿如火如荼，其中兩大關鍵就是葡萄牙海上稱霸開始，以及東印度公司據點先後成立。」但是從東南亞出土（excavation，不止墓葬發掘，還包括海撈）的中國外貿瓷器，卻可上推到6世紀的隋、唐瓷器，明顯例子就在蓋約翰目錄內提到的兩只唐代長沙窯釉下彩花卉紋飾碗。目錄附注鑑定為晚唐陶器，出土於印尼，另有於1981年考古家提到出土於伊朗及爪哇等長沙窯碗相同。由此可見，湖南銅官鎮長沙窯器自隋

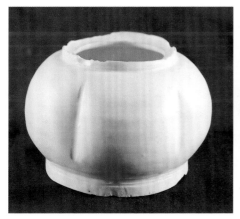

展覽內一尊明代龍泉觀音塑像，瓔珞蔽體，挺右足趺坐，法相莊嚴不掩慈悲。

青白佛像白中透青，有如大雪初霽，陽光普照，透光見影，帶一抹青，清白無垢。

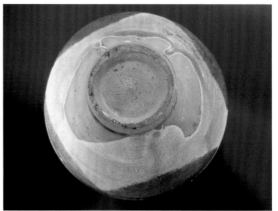

上二圖
唐代長沙窯釉下
彩花卉紋飾碗
（作者自藏）
右頁二圖
越南青花軍持，
其青花靛、粉藍
或淺或深，與中
東一些青花瓷器
釉色相近。（作
者自藏）

唐始已由海陸「絲綢之路」銷往中東、東南亞等伊斯蘭國家。最大證據
還是1998年，印尼爪哇外海勿里洞島（Belitung）海岸兩哩深度僅17公
尺海底，自一艘阿拉伯沉船打撈上來的瓷器，船內運載有長沙窯器六萬
七千件。（詳見拙著《瓷心一片》書內〈唐代長沙窯與勿里洞島沉船〉一章，臺北
藝術家出版社，2010）

　　早年出土於伊朗或爪哇的長沙窯碗，並不見得就是印尼海撈出土
的長沙窯器（因水淺，官方海撈前已從漁民手中流出市面），但已能確
認瓷器早在唐朝已外銷伊斯蘭國家，碗內花卉紋飾，許多就是阿拉伯文
字，譬如「阿拉真偉大」或《可蘭經》經文之類。早期漢代「南海」東
南亞地區，在貿易方面佔有極重要戰略位置，這些地區或港口（即所謂
貿易港，entrepot）不止是中國接觸阿拉伯世界必經之地或補給之港，
還是極吸引擁有異國情調與豐富天然資源的地方。早期3、4世紀漢代貨
船航往印度及中東國家的貿易港就包括在波斯灣、紅海、印度、斯里蘭
卡、孟加拉灣及馬來半島沿岸海港。

　　中東國家銷往東南亞的貨物，則由麻六甲轉入當時仍屬泰國南部
的扶南古國（Funan，後稱真臘，今柬埔寨），扶南是一個重要的貿易
港，其國在9到15世紀初的吳哥王朝，國力強盛，創造出舉世聞名的吳
哥文明，稱為高棉帝國，版圖包括今日柬埔寨全境及泰、寮、越三國部
分地區。

　　9世紀除了中國商船駛往中東，同時還利用停留在廣西、廣東港口
的外國船隻進行轉運到南海、印度和中東。廣州港在唐宋時海貿繁榮茂
盛，港口大船雲集，最多時每年有四千多艘波斯、大食（阿拉伯）商

船，回教居民無數，還曾發生過千名大食、波斯穆斯林於758年劫掠廣州的事件。

蓋約翰曾舉出兩點，指出唐宋年間，南海地域已開始意識到許多珍貴器具其實是來自東方中國，而非來自西邊波斯。第二，中國南方閩粵一帶，尤其廣州，再不是邊陲地域，而是被發展成與南海貿易市場的貨源中心與獨立經濟體。

由於中國外貿瓷器不斷在世界各地出土或收藏，考古及藝術史學者遂能從這些文物追尋出該地區的年代與出處（provenance）。由宋發展入元的青白瓷（或稱影青）大量銷售入南洋，就是一個顯著項目，盛極一時。直到龍泉窯青瓷興起，才取代青白瓷。龍泉不但征服歐洲，也征服南洋，連埃及開羅一帶發掘出12世紀的中國瓷器，也是大量龍泉居多，遠勝其他瓷類。一入元、明，外貿瓷遂以青花稱雄，土耳其伊斯坦堡托卡皮皇宮及伊朗阿狄貝爾神廟收藏的元朝至正年青花瓷，為稀世奇珍。南洋一帶，似較喜青白。青花瓷銷東南亞則有菲律賓、婆羅洲西南部、爪哇、蘇門答臘北部，甚至遠至印度貿易港口及沙烏地阿拉伯等地。

史料顯示，14世紀能燒出精緻行銷青花瓷只有中國與越南，越南青花透過貿易遍及各地，因曾為中國屬地，風格深受中華文化影響及傳承。另一決定因素為紅河及馬江流域所蘊藏豐富的優質陶土資源，解決了胚胎原料問題。中國陶瓷本來在宋元時代已大量銷售海外，供應亞洲各地需求，但到了明代洪武，外憂內患，實行嚴厲海禁政策，時緊時弛，致亞洲市場瓷器短缺供應不穩定。越南青花瓷乘勢而起，東銷日本，西售南洋，填補市場真空，並於15、16世紀臻達海貿黃金時期。其青花靛、粉藍或淺或深，與中東一些青花瓷器釉色相近，在紋飾描繪方式，呈現出異於

中國青花瓷另一種淡雅風格。可惜文化定向（cultural orientation）不同，民窯匠人繪工僅能表現簡單的花卉游魚。小量工筆描繪繁複紋飾的青花大盤花瓶，堪與明代青花比美，但究屬稀有，被視為國寶級進銷伊斯蘭國家的蘇丹，土耳其與伊朗均有收藏。另外，因為印度佛教南傳關係，越南青花軍持紋飾端莊秀麗，造型並不誇張，與泰國大型流口軍持有異。

　　中國有「南青北白」，東南亞則有「泰青越青花」，越青花當指越南青花瓷，泰青指泰國青瓷。人們也許奇怪，東南亞國家中，為何單是此二國陶瓷稱勝？原因是除了貿易，還有移民問題，中國大陸南方閩粵等地向外移民，水陸路線前往最近毗鄰國家就是越南河內或泰國、金邊，其中有多少泉漳德化、潮汕廣州的陶瓷匠人移入泰越，或甚至早在明代鄭和船隊留下落籍南洋的匠師，無從得知。但至少可以肯定，泰、越兩國開始燒製青瓷或青花的瓷匠，絕對是中國師傅帶來傳授的技術。

　　泰瓷興起於素可泰皇朝（*Suklothai*, 1238-1438 *A.D.*）兩百年，其瓷就名素可泰，以青瓷或鐵繪為大宗，鐵繪作品因胎土雜質多，多在胎體上加施白色化妝土，再用鐵汁繪上花草、游魚等紋飾，才入窯燒。器物種類以盤、碗、瓶為主，鐵繪魚紋盤或青陶大碗是重要品類。素可泰陪都有西撒查那來（*Si Satchanalai*），亦產陶瓷，附近的宋加祿窯（*Sawankhalok*，日本人稱為宋胡錄）最出色有名，包含青瓷、褐釉、鐵繪、白釉褐彩，胎土較緻密，不需加化妝土即可燒造。青瓷為此窯重要品類，陶工先在胎土刻劃紋飾，再施加半透明青釉入窯，紋飾以菊

花、蓮瓣、牡丹紋為主，附加捲草紋，刻線流暢、細膩繁複。因為淺釉低溫燒製，上面又無透明釉，許多海撈出水明代青瓷均已褪色，十分可惜。

因日本茶道器具需要，又因明清兩朝多次海禁，泰國外貿瓷曾於14至17世紀輸往日本，並以九州、沖繩為中心。16世紀中葉後，明朝恢復對外貿易，重占海外陶瓷市場，泰瓷銷路逐漸下降，無復當年輝煌時代。

蓋約翰目錄專書論東南亞外貿瓷自9到16世紀，內裡並未包括克拉克及漳州窯（Swatow wares）。出版九年後，英裔德人（British German）考古人類學及藝術史學者芭芭拉・哈里遜（Barbara Harisson）再出版《晚期東南亞陶瓷——16到20世紀》（*Later Ceramics in South-East Asia, Sixteenth to Twentieth Centuries, 1995*），特別強調漳州出口民窯瓷器的研究。

哈里遜的專業興趣是多方面的，她在婆羅洲居住過一段長時間，並與第二任丈夫人類考古學家湯姆・哈里遜一同參與伐林影響生態的婆羅洲猩猩（orangutan）保育工作，也在北婆羅洲發現遠古人類頭骨。後來在美國康乃爾大學唸完藝術史學位，再前往荷蘭擔任公主陶瓷博物館（Princessehof Ceramics Museum）主任，專注東南亞陶瓷，特別是中國外貿漳州瓷。她在上面一書的

右圖　泰國西撒查那來（Si Satchanalai）沉船古青瓷碗。（作者自藏）
左頁二圖　素可泰窯鐵繪因胎土雜質多，多在胎體上加施白色化妝土，再用鐵汁繪上花草，才入窯燒。（作者自藏）

附詩一首：

泰古瓷碗　　張錯

捧賞一隻瓷碗如觀一座古城
花紋細緻，青郁翠綠
素可泰王朝首都北五十餘里
永河西岸的西撒查那來窯址
又名宋加祿窯
首次燒出磁州般釉下彩繪
以及瑰麗青瓷
雙圈碗底隱現寺廟
冰裂開片磚砌城牆
外圍有護城河川
最外邊就是樹林
每年一度婆羅門潑水節
潑灑如瓷碗曲線玲瓏。

● 泰國北部的西撒查那來（Si Satchanalai）古窯址又名宋加祿窯（Sawankhalok），以青瓷及釉下彩繪傳世，在素可泰（Sukhothai）王朝首都北方50餘里的永河（Yom River）西岸。每年一度4月天的傣族年輕男女，節日互相潑水以祈福吉祥。

「導言」內說得好，當今東南亞使用的工業陶瓷不同於用於擺設或收藏的陶瓷，擁有後者的家庭或家族，把這些高品質瓷器視為一種身分「自豪」（pride）泉源。熱帶氣候炎熱，物資日晒雨淋，或遭蛇蟲鼠蟻毀壞，但日久光滑如新的瓷器卻更增加吸引力。南洋富貴人家瓷器（尤其是傳家寶或嫁妝瓷）平常不大使用，僅用作節日喜慶，因而擁有一種祥和吉祥氣氛。

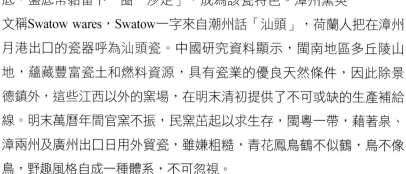

作為外貿瓷的漳州窯能銷海外實是一種異數，這種民窯燒製出來的青花或紅綠彩大型盤碗，因用沙石在匣砵下墊底，盤底常黏留下一圈「沙足」，成為該瓷特色。漳州窯英文稱Swatow wares，Swatow一字來自潮州話「汕頭」，荷蘭人把在漳州月港出口的瓷器呼為汕頭瓷。中國研究資料顯示，閩南地區多丘陵山地，蘊藏豐富瓷土和燃料資源，具有瓷業的優良天然條件，因此除景德鎮外，這些江西以外的窯場，在明末清初提供了不可或缺的生產補給線。明末萬曆年間官窯不振，民窯茁起以求生存，閩粵一帶，藉著泉、漳兩州及廣州出口日用外貿瓷，雖嫌粗糙，青花鳳鳥鶴不似鶴，鳥不像鳥，野趣風格自成一種體系，不可忽視。

進入20世紀，沉船海撈出土亦極多漳州瓷，2001年越南平順（Binh Thuan）外海發現一艘明代沉船，政府從中撈獲三萬四千多件沉睡了四百多年的中國外貿瓷，半數拿來拍賣，2004年第一批六百多件在澳洲墨爾本由佳士得拍出，包括漳州出產的青花盤、碗、杯子等，海洋考古學家邁克‧弗萊克（Michael Flecker）研究指出，這艘被越南撈獲的明代沉船，於1608年（明朝萬曆年間）滿載中國瓷器絲綢，準備前往馬來西亞柔佛州與當地荷蘭東印度公司進行交易，不幸在越南南部平順海域觸礁沉沒。這次平順海撈拍賣，其實也是漳州外貿瓷的風光展覽。

　　福建漳州南部月港最初只是一個走私貿易小港口，並非深水良港，但「外通海潮，內接山澗」，16世紀中葉後至17世紀初迅速發展成重要國際貿易港口，靠的不是港口優勢，而是地處偏僻海隅的地理環境，國內外走私船隻多在此匯集進行交易後，再自廈門出洋，閩粵民窯瓷器亦自月港大量外銷出口。清初由於福建、廣東、浙江沿海抗清勢力存在，尤其鄭成功勢力還在海上及臺灣，成為清皇朝心腹大患，因而四十多年厲行海禁，嚴重損害海外貿易發展，月港地位日漸式微，依賴月港外銷的漳州窯瓷亦因渠道受阻，一蹶不振以至停燒。及至清康、雍、乾三代盛世，瓷器優良典雅，漳州瓷更無立足餘地了。

左頁左圖　漳州窯紅綠彩大盤
左頁右圖　寫滿阿拉伯文字的漳州窯大盤
左頁右下圖　2001年越南平順（Binh Thuan）外海發現一艘明代沉船，2004年第一批六百多件在澳洲墨爾本由佳士得拍出，包括漳州出產的青花盤、碗、杯子等。此圖為當時的拍賣資訊。
左圖　青花鳳鳥鶴不似鶴，鳥不像鳥，野趣風格自成一種體系。（作者自藏）
右圖　因用沙石在匣缽下墊底，盤底常黏留下一圈「沙足」，成為該瓷特色。

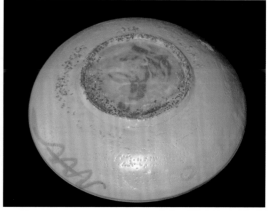

國家圖書館出版品預行編目資料

遠洋外貿瓷／張錯 著. --初版.-- 臺北市：
藝術家, 2019.04
176面；17×24公分
ISBN 978-986-282-232-6（平裝）
1.古陶瓷 2.瓷器 3.中國

796.6   108004528

遠洋外貿瓷

張錯／著

發行人　何政廣
總編輯　王庭玫
編　輯　洪婉馨、盧穎
美　編　張娟如、吳心如
出版者　藝術家出版社
　　　　台北市金山南路（藝術家路）二段 165 號 6 樓
　　　　TEL：（02）2388-6715 ～ 6
　　　　FAX：（02）2396-5707
郵政劃撥　01044798 藝術家雜誌社帳戶

總經銷　時報文化出版企業股份有限公司
　　　　桃園市龜山區萬壽路二段 351 號
　　　　TEL：（02）2306-6842
南部區域代理　台南市西門路一段 223 巷 10 弄 26 號
　　　　TEL：（06）261-7268
　　　　FAX：（06）263-7698

製版印刷　鴻展彩色製版印刷股份有限公司
初　版　2019 年 4 月
定　價　新臺幣 360 元
ISBN　978-986-282-232-6（平裝）

法律顧問　蕭雄淋